# 溫庭筠詞譯註

# 온정균사 역주

정태업 역저

부산외국어대학교 출판부

溫庭筠詞譯註

2011년 8월 31일 1판 1쇄 발행

편역자/ 정 태 업
발행인/ 정 해 린
발행처/ 부산외국어대학교 출판부
등　록/ 제 카7-53호 (1988. 9. 1.)
주　소/ 608-738 부산광역시 남구 석포로 15
전　화/ 051) 640-3439, 3440　팩스/ 051) 640-3580
인터넷/ http://press.pufs.ac.kr

편　집/ 주간 · 서상범,　디자인 · 양남목
인쇄처/ 세종문화사 (051) 463-5898
공급처/ 한국출판협동조합 (02) 716-5616~9



ISBN 978-89-8312-354-1　93820

정가 9,000 원

# 작가소개

溫庭筠(約801년~約866년)의 本名이 岐이고 字가 飛卿이다. 太原 祁縣(지금의 山西省 太原)사람이다. 溫庭筠의 정확한 출생년도는 역사적 기록이 없다. 그의 작품들을 통해 고찰해 보면 대략 唐 德宗貞元17년(801년)에 태어났으며 唐懿宗咸通7년(866년)에 죽은 것으로 추정된다. 온정균이 살아간 시기는 '안록산의 난'이 있고 반세기가 지난 시기였다. 번창하던 당의 국운이 점차로 기울어 가고 지방의 호족들의 세력이 할거하여 전란이 빈번히 발생하던 시기였다. 이에 황제는 실권을 잃고 부패하여 백성들의 생활은 도탄에 빠졌다. 사회적으로 階層간의 갈등이 첨예화되고 농민들의 민란이 끊임없이 일어나는 시기에 태어난 온정균은 자연 그러한 사회적 분위기에 영향을 받을 수밖에 없었다. 온정균은 宰相인 溫彦博의 후손으로 어릴 때 강남에 살았었다. 젊은 시절 온정균 또한 나라를 바로 잡으려는 청운의 꿈을 안고 淮南節度使인 李紳을 접견하고 그의 도움을 받아 관리의 길로 나아가 큰 뜻을 펴기를 바랐다. 하지만 장안으로 올라와 唐 宣宗 大中初(850年左右)進士시험을 쳤지만 누차 급제하지 못하였다. 이에 그는 權門貴族 자제들과 어울리며 방탕한 생활을 보내었고 이러한 소문이 퍼지면서 그의 방정치 못한 품행이 문제가 되어 거듭 과거에 낙제하게 되었다. 그래서 그는 쫓겨나 말직으로 겨우 方城尉를 하다 다시 隋縣尉를 하다 후에 國子助敎를 지내는 것이 전부였다. 《舊唐書 · 溫庭筠傳》을 보면 그는 "행실이 지저분했으며, 몸가짐을 제멋대로 했다(士行塵雜, 不修邊幅)"고 적고 있다.

문학사적으로 그의 詩는 李商隱과 함께 擧名되어 당시 사람들은 '溫李'라고 칭하였다. 그러나 두 사람의 詩 風格은 유사한 부분이 있지만 그의 시에 있어서 문학적 成就는 李商隱이 이르지 못한다고 평가 받는다. 그 作品들 가운데는 社會的 意義를 가진 것들이 있으며 어떤 것들은 그가 當時 겪었던 官職사회의 排斥과 그 悲憤의 心情이 담겨있다.

溫庭筠의 詞는 그의 詩와 비교할 때 좀 더 높은 地位를 갖는다. 그의 사는 唐末五代詞人인 韋莊과 더불어 '溫韋'라고 불리며 당말 오대의 대표적인 사인으로 일컬어진다. 그는 大量의 많은 詞를 적어서 그로부터 시작해서 專門的으로 詞의 創作에 힘을 기울이는 작가가 나타나기 시작했다. 溫庭筠은 音律에 精通해서 이후 詞의 格律 形式에 規範的 역할을 했다.

그러나 그의 詞 內容은 比較的 狹窄하고 대다수가 青樓 女人들의 生活을 묘사하거나 그들의 離別과 그리움의 情을 적고 있다. 따라서 그의 사풍은 섬세하고 婉約하고 柔美하다. 그는 詞의 造語와 着色에도 工力을 기울였으며, 雕琢을 좋아하여 後世의 詞의 發展에 커다란 影響을 주었다. 溫庭筠의 一生동안 著述은 상당히 豊富하다. 《新唐書·藝文志》에는《握蘭集》,《金筌集》,《漢南眞稿》,《詩集》等이 기록되어 있는데 지금은 모두 傳해지지 않고 있다. 뒷사람들이 編輯한 《溫庭筠詩集》,《金奩集》이 전한다. 지금까지 전해지는 詞는 모두 69수가 있으나 ≪花間集≫이 수록된 66수 이외에는 위작으로 의심되기도 한다. 본서에서는 ≪花間集≫ 66수와 <新添聲楊柳枝 2수를 포함해 도합 68수를 실었다.

# 들어가며

중국문화를 논할 때 보통 '文史哲一家'라고 한다. 이 말은 중국의 문학과 역사와 철학이 하나라는 의미이다. 문학을 이야기 하며 그 속에 내포되어 있는 사상성을 이야기하지 않을 수 없고 또 그 작품의 역사적 배경을 언급하지 않을 수 없기 때문이다. 그러나 이 세 가지를 함축하여 하나의 모습으로 표현해 낼 수 있다면 그것은 바로 문학일 것이다. 문학 작품 속에는 그 작가의 사상성과 그 당시 시대적 배경이라는 역사성이 고스란히 용해되어 들어가 있기 때문이다. 이런 연유로 해서 중국인들의 의식 속에는 문학이란 중국문화를 대표하는 것으로 자리매김 하고 있다. 즉 중국문화의 정수는 바로 문학작품을 통해 표현되고 문학작품은 광대한 중국문화를 하나의 작품으로 압축해 표현해 주기 때문이다.

중국 문학을 들여다보면 또다시 시, 사, 곡, 산문, 소설 등과 같이 다양한 형식으로 표현된다. 그 중 중국 문학의 정수를 이야기 한다면 전통적으로 詩歌를 꼽는다. 중국인들이 생각하는 문학 가운데 가장 큰 비중을 차지하고 있는 것이 바로 詩歌이기 때문이다. 중국문학의 先河를 이루는 최초의 작품이 바로 황하를 배경으로 불리어졌던 詩經이라는 詩이다. 남방문학과 낭만주의 문학의 효시를 이루는 楚辭 또한 바로 詩歌인 것이다. 중국 고전문학하면 떠오르는 唐詩 또한 詩歌이며 宋代를 대표하는 宋詞 또한 詩歌인 것이다.

중국은 바로 시의 나라다. 이러한 중국의 시에 대한 강한 문학적 전통은 중국어의 언어적 특징에 기인한다고 볼 수 있다. 다른 언어에서 보기 힘든 성조는 시를 지을 때 리듬감을 살려서 운율미를 극대화 시킨다. 또 음성어가 아닌 의미어인 한자는 내용적 압축성과 상상성을 더하여 시적 아름다움을 극대화 시킨다. 이런 시의 전통은 모든 시대를 통해 꾸준히 이어져 내려왔다. 하지만 시들 가운데 중국 역사를 통해 가장 사랑받는 詩歌 형태가 바로 唐詩와 宋詞이다. 즉 당시와 송사는 바로 중국문학의 精華이고 중국 詩歌의 白眉인 것이다.

그런데 우리가 당시와 송사를 유심히 들여다본다면 그 속에는 서로 차이가 있음을 알 수 있다. 唐詩의 대부분은 서정적이고 다루고 있는 주제 또한 다양하지만 남녀간의 사랑과 낭만을 언급한 작품들은 많지 않다. 이에 반해 宋詞의 주된 내용과 풍격은 바로 남녀간의 사랑과 그리움 등을 담은 낭만성이다. 당시에서는 담아내지 못하는 또 다른 감성을 사를 통해 표현해 내고 있는 것이다. 이는 당송사 전체를 관통하여 흐르는 주체풍격이기도 한데 특히 초기 사에서 분명하게 드러난다. 최초의 文人詞集인 《花間集》은 이러한 풍격의 선하를 이루어 이후 송사의 내용과 풍격에 결정적 영향을 미친다. 그런데 《花間集》을 자세히 들여다보면 가장 대표적인 작가가 바로 溫庭筠이다. 온정균은 花間詞人의 중심 작가로 《花間集》의 제일 앞에 가장 많은 66수의 작품을 내보이고 있다. 그의 작품은 바로 당송사 풍격의 주류가 되는 婉約하고 美麗함의 전형을 이룬다.

따라서 中國詩歌의 정수를 맛보고자 하는 사람이나 唐宋詞를 알고자 하는 사람은 먼저 온정균의 사를 통해 그 내용과 풍격을 맛보면 전체를 짐작할 수 있을 것이다. 이를 통해 더 넓은 당송사의 화원으로 들어간다면 그 속에 지천으로 널려있는 무수한 아름다운 향기를 발하는 꽃들을 발견할 수 있으리라 생각된다.

본인이 온정균의 사 작품을 따로 분류하여 번역하고 각주를 붙여 책으로 내어야겠다고 생각한지는 오래 되었는데 천성이 게으르고 나태하여 미루고 미루다가 이제야 내놓게 되었다. 여러 가지로 부족하기 그지없지만 중국 詞문학을 소개하는 작은 계기가 되었으면 좋겠다.

정태업

2011년 9월 우암골 연구실에서

# 목 차

# 菩薩蠻

小山(1)重疊金明滅(2),
鬢雲(3)欲度(4)香顋雪(5)。
懶起畫蛾眉(6),
弄妝(7)梳洗遲。

照花(8)前後鏡。
花面交相映。
新帖(9)綉羅襦(10),
雙雙金鷓鴣(11)。

【국역】

작은 산 겹겹이 금빛은 사라지고
구름같이 흐트러진 머릿결 눈 같은 피부를 덮고
느지막이 일어나 눈썹을 그려보고
화장을 하고 머리를 천천히 빗는다.

머리에 꽂은 꽃 비녀 앞 뒤 거울 비추니
꽃 비녀와 얼굴이 서로 아우러진다.
새로 지은 비단 저고리
쌍쌍이 금빛 저고새.

【주석】

1) 小山: 小山이 무엇을 의미하는지 학자에 따라 상당히 다양한 의견이 있어왔다. 그 가운데 대표적인 것으로는 병풍, 눈썹, 베개, 머리장식이라는 4가지 주장이 있다. 일반적으로 屛風이나 병풍에 그려진 작은 산들로 보는 견해가 많다. 즉 옛날 침대 주변에 병풍을 놓았는데 그 모양이 산 모양으로 된 것도 있었다. 이런 병풍이 접혀져 놓인 것이 마치 산이 중첩된 것처럼 보인다고 표현했다는 것이다. 혹은 병풍 속 그려진 산들의 겹쳐진 모습을 묘사한 것으로 보기도 한다. 북경대의 袁行霈교수는 산모양의 병풍과 병풍 속의 그려진 산이 겹쳐지기에 뒤에 重疊이라고 표현했다고 보았다. 葉嘉瑩 여사는 여인들이 눈썹을 그릴 때 일반적으로 황금색으로 장식하지 않는 것이나, 뒤에 다시 눈썹을 그리는 묘사(懶起畫蛾眉)가 나오는 것들을 들어 小山은 눈썹(山眉)이 아니고 병풍을 의미한다고 보았다. 이에 반해 홍콩 중문대학 吳宏一교수는 《溫庭筠菩薩蠻 <小山重疊金明滅> 相關問題辨析》(홍콩중문대학《中文學刊》第一期 1997)란 논문에서 온정균의 다른 詞 작품이나 동시대 다른 작가들의 작품 등을 종합해 볼 때 눈썹을 지칭하는 것이 가장 타당성이 있다고 주장한다. 본인이 볼 때 《花間集》卷7 顧夐의 <醉公子>에 "小山屛"이라는 말이 나오는 것으로 보아 병풍을 지칭하는 말이 더 설득력 있다고 보고 그렇게 번역하였다.

2) 金: 금빛의 서광. **明滅:** 햇살이 흔들리어 밝았다 어두웠다 하는 모습. 따라서 새벽 옅은 햇살을 받은 병풍의 산들이 어른어른하는 모습을 묘사한 것이다. 만약 앞의 '小山'을 여인의 눈썹이나 머리장식으로 본다면 '金明滅'은 머리의 장식이 햇살을 받아 반짝이는 모습을 표현

한 것이라 보아야 할 것이다.

3) **鬢雲**: 귀밑머리가 구름처럼 올올히 많은 모습을 묘사한 것.

4) **度**: '날리다' '덮다'라는 의미로 여기서는 흐트러진 머릿결이 하늘하늘 얼굴을 뒤덮은 모습을 묘사한 것이다.

5) **香腮**: 아리따운 얼굴. **雪**: 눈같이 흰 피부, 혹은 흰 화장 분을 지칭.

6) **蛾眉:** 여인의 길고 아름다운 눈썹. 누에나방(蠶蛾)의 더듬이 모양이 가늘고 긴 아치형을 하고 있기에 아름다운 여인의 눈썹을 그렇게 비유해 표현했다.

7) **弄妝**: 화장이나 장식을 함.

8) **花**: 唐代 여인들이 쓰던 꽃 모양의 머리 장식품.

9) **帖**: 금실로 수놓은 금박 장식을 다시 옷에 붙인 것.

10) **襦**: 짧은 웃옷.

11) **鷓鴣**:비단 저고리에 수놓인 쌍쌍의 저고새를 말한다.

## 【감상】

이 사는 《花間集》에 실려 있는 온정균의 첫 번째 사 작품으로 화간집과 온정균의 사 풍격을 보여주는 전형적인 작품이라 할 수 있다.

첫번째 句는 규방안의 아침 정경을 묘사하고 있다. 병풍으로 아침 햇살이 비추니 금빛으로 아른아른 한다. 따라서 병풍 속 첩첩이 겹쳐지는 산들이 움직이는 듯하다. 두 번째 구는 규방의 여인이 잠에서 깨어났지만 침대에서 일어나지 않은 모습이다. 구름처럼 흐트러진 머릿결이 얼굴을 뒤덮고 거기에 흰 눈 같은 피부가 대조되어 표현되고 있다. 세 번째 네 번째 구는 여인이 침대에서 일어난 후의 행동을 적고 있다.

게으르게 느지막이 일어나 화장을 하고 천천히 머리를 빗질한다. '게으르게(懶)' 와 '천천히(遲)'라는 두 글자를 통해 처연하면서도 권태로운 심경을 눈앞에 보이는 듯이 묘사하고 있다. 하편인 다섯 번째 여섯 번째 구에서는 위에 句들의 내용을 이어서 구체적인 화장하는 모습을 묘사하고 있다. 앞뒤로 거울을 두고 아름다운 꽃 비녀로 머리를 꾸미고 있다. 꽃과 여인의 얼굴이 서로 어우러져 더더욱 여인의 모습이 꽃처럼 아름답게 느껴지게 한다. 앞에서 여인은 '게으르게(懶)' 그리고 '천천히(遲)' 잠자리에서 일어나고 빗질을 했지만 화장을 함에 있어서는 세밀하고 진지하게 하고 있다. 이는 바로 여인의 마음속 모순적 감정을 진실되게 반영하고 있는 것이라 볼 수 있다. 왜냐하면 사랑하는 사람이 옆에 없기에 느지막이 일어나서 머리를 빗고 천천히 화장을 하지만 여인의 아름다워지려는 본능은 어김없이 그녀를 거울 앞으로 인도하고 섬세하게 화장하게 만든다. 끝 두구는 그녀가 새 옷을 갈아입으면서 옷에 새겨진 쌍쌍의 저고새를 보면서 자신도 모르게 다시 근심에 쌓이게 된다.

전체적으로 이 작품은 규원의 情을 함축적이고 세밀하게 묘사하고 있으면서도 운율과 음운형식에 맞추어 리듬감까지 살려내고 있는 온전균의 대표적 작품이라 볼 수 있다.

## 其二

水晶簾(1)裏玻璃枕,
暖香惹(2)夢鴛鴦錦。
江上柳如烟,
雁飛殘月天(3)。

藕絲(4)秋色淺,
人勝(5)參差(6)剪。
雙鬢隔(7)香紅(8),
玉釵(9)頭上風(10)。

【국역】

수정 주렴 속 유리 베개
따뜻한 향내 이는 원앙이불은 꿈결로 인도하고
새벽 강가 버들가지 연기처럼 자욱하고
기러기는 새벽달 걸린 하늘로 날아.

연실치마는 옅은 가을 하늘빛
올망졸망 잘라 붙인 彩勝 머리장식.
두 귀밑머리에 꽂은 생화
옥잠 장식 머리위로 하늘하늘.

【주석】

1) 水晶簾: 수정으로 꿰어 만든 주렴. 玻璃: 유리, 옛날에는 보석으로 쓰였다.
2) 惹 : 화간집에 '惹'라는 글자는 모두 25번 나오는데 주로 어떤 일이나 행위를 일으키거나 '야기시키다'는 의미로 쓰이고 있다. 여기서도 따뜻한 향기를 발하는 원앙 수의 이불이 꿈결로 '이끌어간다'는 의미로

쓰이고 있다.

3) **江上二句:** 선잠에 일어난 규방의 여인이 이른 봄날 새벽이 오는 모습을 바라보는 것을 묘사한 것이다. 즉 새벽 강가의 버들가지는 자욱한 안개 속에 가뭇가뭇하고 몽롱하게 기울어 가는 달빛 사이로 기러기는 북녘으로 날아감을 통해 앞 두 구절의 잠자리 드는 모습과 짝을 이루어 묘사하고 있다.

4) **藕絲**: 연뿌리에서 나는 실, 연사, 여기서는 여인의 의복을 지칭한다. **秋色**: 쪽빛 가을 하늘색을 말함.

5) **人勝**: 비단을 접어서 마름모꼴을 만들어 옆으로 거듭 포갠 여인의 머리 장식물을 말한다. 彩勝, 方勝이라고도 함.

6) **參差**: 들쑥날쑥 높이가 다른 것, 여기서는 彩勝을 길이가 서로 다르게 잘라 머리에 장식한 모습.

7) **隔**: 나누다. 생화를 양쪽 귓가에 나누어 꽂았기에 여기서 '隔'자를 쓰고 있다.

8) **香紅**: 생화.

9) **釵**: 고대 부녀자들이 머리에 하는 장식품, 비녀의 일종.

10) **風**: 머리 장식이 여인의 걸음에 흔들리어 춤추는 모습.

## 【감상】

이 사는 앞의 첫 작품과 같이 그리움의 정을 노래한 것이다. 상편의 첫 두 구는 규방 안에 나열되어 있는 소품의 모습들을 묘사하고 있다. 그리고 이어지는 두 구는 규방 밖의 풍경을 묘사하고 있다. 즉 실내에는 수정주렴과 유리베개와 같은 맑고 투명한 물건들이 많아서 청명한 환경을 조성하고 있다. 그리고 향내 나는 원앙침구는 화려함의 극점에 다다른다. 이어지는 '江上' 두 구는 보다 경계를 넓혀 나간다. 흐릿하게 남은 달빛 사이로 강물과 하늘이 한 빛이 되어 멀리서 보니 마치 버드나무 가지는 연기가 피어오르는 것 같다. 여기에 다시 새벽달 사이로 기러기가 날아가는 모습은 앞에서 표현했던 화려한 풍경에서 맑고 깨끗한 풍경으로 바꾸어 놓는다. 배경은 비록 여러 가지 경물들을 나열하고 있지만 그러나 이를 통해 여인의 정서가 이미 엳게 드러난다. '따뜻한 향내 꿈결로 인도하고(暖香惹夢)' 라고 했을 때 '인도하다(惹)'는 바로 '불러일으킨다'는 의미로 아주 생동하는 詩眼이 되고 있다. 그럼 어떤 꿈을 불러 일으키는것인가? 비록 작자는 그것을 구체적으로 적고 있지는 않지만 그러나 원앙침구 속에서 꾸는 꿈은 바로 님을 그리는 꿈일 것이다. 아울러 원앙은 고독한 여인의 모습과 대비되고 있다. 이 두 구는 바로 여인의 고독한 마음을 화려한 화면 속으로 집어넣어 또 다른 정취를 자아낸다. '江上' 두 구는 바로 여인이 꿈에서 깨어난 후 보게 되는 규방 밖의 맑고 깨끗한 풍경인데 이는 그녀의 처량하고 적적한 정감과 정확하게 서로 어우러지고 있다.

하편에서는 여인이 꿈에서 깨어난 후의 형상을 적고 있다. '藕絲' 구는 입고 있는 옷의 색깔을 표현한 것이고 '人勝' 구는 아름다운 머리 장식을 적은 것이다. 마지막 두 구는 머리에 꽂은 그림 같은 잠화와 바람에 산들산들 흔들리는 머리장식의 생동하는 자태를 적고 있다.

## 其三

蕊黃(1)無限(2)當山額(3),

宿妝隱笑紗窗隔。
相見牡丹(4)時,
暫來還別離。

翠釵金作股(5),
釵上蝶雙舞(6)。
心事竟誰知?
月明花滿枝。

**【국역】**

노란 연지 옅게 이마까지 번져 지워지고
저녁 잠자리 화장에 은은한 미소가 비단 창 사이로 보이네.
서로 모란을 볼 수 있는 늦은 봄날은
잠시 왔다 다시 가버리고.

비취로 만든 비녀에 금으로 만든 날개
비녀 위로 장식 나비는 쌍으로 춤추는데
이내 마음 누가 알까?
밝은 달에 꽃가지만 만발한데.

## 【주석】

1) **蕊黃**: 六朝시대 여인들이 화장을 할 때 미간에 바른 노란 분, 그 색깔이 꽃술과 같아서 이렇게 불렸다. 이는 唐・五代까지 이어졌다.
2) **無限**: 미간 사이에 발랐던 분 화장이 저녁이 되어 흐리게 이마까지 번져 경계가 없어진 것.
3) **山額**: 여인의 그린 눈썹을 보면 산과 같은데 이 두 눈썹 사이의 이마를 말한다.
4) **牡丹**: 모란은 늦봄에 핀다, 즉 뒤의 구와 함께 서로의 만남이 너무 늦고 헤어짐이 너무 빠르다는 의미이다.
5) **股**: 비녀(釵)의 한 부분으로 날개와 같은 모양.
6) **蝶雙舞**: 비녀의 나비장식이 흔들려 움직이는 모양을 마치 춤추는 것과 같음을 묘사함.

## 【감상】

이 사는 사랑하는 님과 서로 너무 늦게 만났고 너무 일찍 헤어짐을 원망하는 내용이다. 이 사의 첫 구와 둘째 구는 규방의 여인의 모습을 나타내고 있다. 즉 화장이 비록 오래되었지만 미간 사이에 그린 노란 빛깔의 연지는 남아 있는 모습과 엷은 비단 창 사이로 그녀의 감추인 웃음을 볼 수 있다. 사랑하는 님과 같이하는 잠자리이기에 가장 행복한 시간이 될 수밖에 없지만 그러한 행복한 시간은 길게 가지 못한다. 님과의 시간은 마치 잠시 왔다 가버리는 봄날 같아서 둘이서 함께 모란을 보고 행복을 나누는 시간은 짧다. 그래서 '잠시 왔다 다시 가버린다(暫來還別離)'는 구절은 서로 함께 하는 시간이 짧고 님은 곧 총총히 떠나가 버림을 설명하는 것이다. 상편에서 '감춘다'는 '隱'자는 깊은 정취를 담고 있다. 행복한 감정에 빠져 있다가 떠나갈 님에 대한 원망의 마음에 사로잡히는 그 짧은 순간의 감성을 '隱'자로 표현했다 할 수 있다.

하편의 '비취 비녀(翠釵)'로 시작되는 두 구는 여인의 머리장식을 묘사하고 있다. 비녀에 짝을 이룬 나비는 장식일 뿐이지만 님을 그리는 여인의 눈에는 바로 그리움을 자아내는 매개물이 되는 것이다. 그래서 밑에 구에서 자신의 심정을 누가 알아줄까 하며 자조적 탄식을 자아내고 있다. 이를 아는 듯 모르는 듯 달은 밝기만 하고 꽃들은 만발해 있으니 그녀의 말할 수 없는 심경은 더욱 처연해 진다고 할 수 있다.

## 其四

翠翹金縷(1)雙鸂鶒(2),
水紋細起春池碧。
池上海棠梨(3),
雨晴紅滿枝。

綉衫遮笑靨(4),
烟草粘(5)飛蝶。
青瑣(6)對芳菲(7),
玉關音信稀(8)。

【국역】

비취빛 날개 금빛 무늬 원앙
물결 살며시 일고 봄 연못은 푸릇푸릇,
연못의 해당화
비 갠 후 빨간 열매 온 가지에 가득.

수놓은 단삼으로 보조개를 가리고
조밀한 풀잎에 붙은 나비,
화사한 문틈으로 온갖 꽃 만발한 봄을 마주 했는데
변방 옥문관 소식은 더디기만 하고.

【주석】

1) 翠翹: 새 꽁지 부분의 긴 깃털. 金縷: 비오리의 깃털 무늬.
2) 鸂鶒: 비오리. 물새로 일명 谿鵡라고도 한다. 원앙새 모양으로 머리에 깃털이 있고 꼬리 깃털이 들려 올라가 있다. 속칭 紫鴛鴦이라고 한다.
3) 海棠梨: 해당화.
4) 笑靨: 웃을 때 생기는 보조개.
5) 烟草: 가늘고 여린 풀. 粘: 붙다, 여기서는 나비가 가녀린 풀에 붙어있는 모습을 묘사한 것 임.
6) 青瑣: 고대 문살에 조각한 꽃 장식.
7) 芳菲: 꽃들이 가득 핀 모양, 봄이 깊었음을 상징한다.
8) 玉關: 즉 玉門關, 지금의 甘肅省 敦煌 서북에 위치한 곳으로 당대 서역 변방의 군사적 중요 거점, 唐五代 부녀자들이 멀리 遠征 나간

낭군을 그리는 詩歌에 상징적으로 '玉關'이나 '玉門'으로 묘사하고 있다.

## 【감상】

이 사는 멀리 떠나 있는 님에 대한 그리움을 적은 작품이다. 상편에서는 지난날 즐거웠던 정경을 적고 있다. 봄날 연못에서 짝을 이루어 놀고 있는 원앙의 모습을 통해 자신도 님과 그렇게 다정하고 깊은 정을 나누었음을 비유하고 있다. 다시 비갠 후 연못가의 해당화 붉은 가지의 모습을 통해 즐겁고 흥겨운 분위기를 드러내고 있다.

하편에서는 '수놓은 단삼으로 보조개를 가리고(綉衫遮笑靨)'를 통해 여인의 아름다운 모습과 부끄러워하는 심정을 표현했다. 이어서 단삼에 수놓인 그림은 다름 아닌 '조밀한 풀잎에 붙은 나비(烟草粘飛蝶)'이다. 즉 여인은 풀잎과 나비의 긴밀한 관계를 통해 자신과 님의 떨어질 수 없는 긴밀함을 이야기 하고 있다. 그리고 다음 구는 실제로 창밖의 풍경이다. 문틈 사이로 다시 찾아온 온갖 꽃 만발한 봄날 정원의 모습과 이와 대조적으로 오지 않는 님의 소식은 여인을 더욱 아련한 그리움이 넘치게 하는 것이다.

## 其五

杏花含露團(1)香雪(2),
綠楊陌上多離別(3)。

燈在月朧明(4),
覺來聞曉鶯。

玉鉤(5)褰(6)翠幕,
妝淺舊眉薄。
春夢正關情(7),
鏡中蟬鬢(8)輕。

**【국역】**

살구꽃 이슬을 머금어 눈꽃 향기 날리고
초록 버드나무 강둑에서 잦은 이별,
몽롱한 달빛 아래 등불만 초롱초롱
깨어나니 새벽 새소리 들린다.

옥고리로 비춰 휘장 막을 당기니
엷게 남은 화장,
간밤의 꿈속에서 그리던 님에 대한 정으로
거울 속을 보니 흐트러진 머릿결 하늘하늘.

**【주석】**

---

1) 團: 맺히다. 즉 이슬이 맺힌 것.

2) 香雪: 살구꽃이 피면 눈 같은 흰색이기에 이렇게 묘사했다.
3) 綠楊: 옛날부터 楊柳 우거진 강둑 제방은 이별의 장소였다. 버드나무는 이별을 상징한다.
4) 朧明: 잔 달이 은은하게 비추는 모습.
5) 玉鉤: 옥으로 만든 고리.
6) 褰: 끌어당기다.
7) 春夢句: 이 끝의 두 구는 도치된 상황이다. 즉 새벽에 거울을 마주하니 초췌해진 자신의 모습을 발견하게 된다. 다시 생각해 보니 이것은 어젯밤 꿈에서 님 그리워 마음 애달파 했기 때문이다.
8) 蟬鬢: 머리를 두 갈래로 빗어 마치 매미의 두 날개처럼 한 머리모양. 晋代의 崔豹가 지은 ≪古今注≫를 보면 "魏文帝의 궁녀 중에 莫瓊樹가 처음으로 蟬鬢 머리 모양을 했는데, 멀리서 보면 하늘하늘 매미 날개 같았다.(魏文帝宮人莫瓊樹始制爲蟬鬢, 望之縹緲如蟬翼然。)"는 내용이 있다.

## 【감상】

이 작품 또한 규원의 情을 적고 있다. 첫 두 구는 꿈에 나타난 이별할 때의 정경이다. 바로 살구꽃이 이슬을 함박 머금고 피어있고 강둑의 버드나무는 이별을 재촉하는 그런 계절이다. 아름다운 경치를 배경으로 이별의 정을 더욱 두드러지게 하고 있다. 이 사는 두 번째 구의 '잦은'이라는 '多'자를 통해 이미 원망의 정서를 살며시 드러내며 동시에 어찌할 수 없는 마음을 그 가운데 담고 있다. '몽롱한 달빛 아래 등불만 초롱초롱, 깨어나니 새벽 새소리 들린다(燈在月朧明。覺來聞曉鶯)' 라고 한 것은 위의 두 구와 연결되어 나온 것이다. 즉 이별을 하였기에 그리움이 생기고 그리움 때문에 꿈을 꾸게 되는 것이다. 이 두 구는 바로 꿈에서 깨어났을 때의 모습이다. 과거에 님과 함께 했을 때 화려한 등불이 서로를 비추고 그 서로에 대한 정은 끝이 없었다. 지금도 마찬가지로 그 등불은 그대로이고 달빛도 그때처럼 몽롱하지만 사람은 가고 없기에 규방은 더욱 텅 빈 것 같다. 또 다시 바야흐로 새벽이 오고 새들은 지저귀니 더더욱 서글픈 情意를 자아낸다.

하편에서는 여인의 행동을 통해서 어지럽고 복잡한 심사를 나타내고 있다. 비록 여인이 새벽에 일어나 자신도 모르게 습관처럼 휘장을 걷고 거울 앞에 앉아 화장을 하고 있지만 여인의 머릿속은 지난밤 꿈으로 복잡하다. 즉 끝의 두 구절은 거울을 통해 본 자신의 모습이 많이 여위었음을 느낀다. 왜일까? 그것은 바로 어젯밤의 꿈에서 본 님과의 이별 때문이다. 그리고 다시 이를 생각하니 그리운 마음이 사무친다. 마지막 두 구를 두고 陳廷焯은 《白雨齋詞話》에서 말하길 "마지막 두 구의 처량하고 애원함이 말로 표현할 수 없는 괴로움을 자아낸다"고 했는데 심히 공감이 가는 평이다.

## 其六

玉樓(1)明月長相憶,
柳絲裊娜春無力。
門外草萋萋(3),
送君聞馬嘶(4)。

畫羅金翡翠(5),
香燭(6)消(7)成淚。
花落子規(8)啼,
綠窗殘夢迷。

## 【국역】

옥루의 밝은 달 그리움만 깊어지고
버들가지 하늘하늘 봄기운에 무력하다.
문밖 풀잎이 짙푸르니
님 보낼 새 말울음 소리 들리네.

금색 비취새 아로새긴 비단 장막
향 촛불은 타올라 눈물이 되고,
꽃은 지고 두견새는 서럽게 우는데
푸른 창가로 잔 꿈만 어지럽네.

## 【주석】

1) 玉樓; 아주 아름답게 지어진 樓閣.
2) 裊娜: 부드럽고 가늘고 길게 늘어진 모습.
3) 萋萋: 초목이 무성한 모양.
4) 馬嘶: 말 울음 소리, 이 두 구는 옛날 님을 보낼 때를 회상하는 것이다.
5) 翡翠: 비단 장막에 수놓은 금빛 비취새, 翡翠는 본래 새 이름이다.

물가에 살며 털 모양이 쪽빛과 초록빛으로 유난히 선명한 색깔을 띠기에 장식품으로 많이 쓰였다. 宋代 陸佃이 지은 훈고서 ≪埤雅≫를 보면 "翠鳥는 혹은 翡翠라고 부르는데 수컷은 붉기에 翡라하고 암컷은 푸르기에 翠라 한다.(翠鳥或 謂翡翠,雄赤曰翡, 雌青曰翠.)"고 적혀 있다.

6) 香燭: 향료를 넣은 초.

7) 消: 타다, 연소하다.

8) 子規: 일명 杜鵑. 울음소리가 처량하며 울 때는 피가 나도 그치지 않는다고 한다.

【감상】

이 작품은 여인이 밤이 깊도록 님을 그리워하는 마음을 적은 것이다. 첫 두 구는 밝은 달과 버드나무라는 외적 사물을 통해 전체적인 사의 감정을 이끌며 그리움의 정이 깊고 간절함을 표현하고 있다. 밝은 달이 높이 떠올라 옥루에 걸려 있음을 보고 규방의 여인은 멀리 타향에 나가 있는 님을 그리게 되고 봄바람이 버드나무 가지를 흔들 때 그리운 마음에 더욱 상심하게 된다. 이 사에서 주인공 여인은 그리움으로 어찌할 수 없는 마음을 외부의 버드나무 가지로 시선을 옮겨 보지만 자신의 그러한 처연한 마음으로 대상을 보기에 보이는 대상인 버드나무도 자기의 처지처럼 서글프게 느껴진다. 그래서 버드나무 가지도 봄바람에 힘없이 흔들린다고 보고 있다. 이어지는 두 구는 그리움이 발단이 되어 님과 이별할 때를 떠올린다. '문밖 풀잎이 짙푸르니(門外草萋萋)'는 이별할 때의 구체적인 주변의 모습이다. 또 온 세상을 뒤덮으며 짙푸르게 자라는 풀잎을 통해 이별의 한이 깊음을 나타낸다. '님 보내며 말울음 소리 들리고(送君聞馬嘶)'라고 한 것은 한참을 우두커니 서서 가는 님을 보내는 모습을 형상한 것이다. 떠나가는 사람은 점차 멀어지고 보이지 않게 되었지만 보내는 사람은 멍하니 서서 떠나간 먼 곳을 바라보고 있으니 마치 아직도 떠나는 님의 말울음 소리가 들리는 듯 한 것이다. 이 구는 윗구에서 언급하는 짙푸른 풀잎과 어우러져 이별의 정이 끊이지 않고 면면히 흐르고 있는 모습을 나타내고 있다.

하편에서는 다시 시각을 돌려서 눈앞의 모습들을 묘사하고 있다. '비단장막(畫羅)'으로 시작되는 두 구는 적막한 규방의 분위기를 적고 있다. '금색 비취새 아로새긴 비단 장막(畫羅金翡翠)'은 단순한 규방의 모습을 드러낸 것이지만 이어지는 '향 촛불은 타올라 눈물이 되고(香燭消成淚)'라고 한 것은 긴긴밤을 통해 진행되어진 결과를 나타내며 이는 바로 여인의 속마음을 나타내는 말없는 고백이다. 이 구는 첫 구의 '그리움만 깊어지고(長相憶)' 와 호응하고 있다고 볼 수 있다. 마지막 두 구에서 '꽃은 지고 자규는 울고, 꿈자리는 어지럽다'고 한 것은 '오랜 그리움(長相憶)'의 또 다른 표현형식이라 볼 수 있겠다. 전 작품을 통해서 진실되고 간절한 그리움이 넘쳐나고 있다.

## 其七

鳳凰(1)相對盤(2)金縷(3),
牡丹一夜經微雨(4)。
明鏡照新妝,
鬢輕雙臉長(5)。

畫樓(6)相望久,
欄外垂絲柳。
音信(7)不歸來,
社(8)前雙燕回。

【국역】

봉황무늬 짝한 금실 수놓은 의상
모란은 밤새 봄비에 씻은 듯,
밝은 거울 앞에 새로이 화장하고 보니
가늘어진 머릿결에 여윈 두 볼.

화루에 서서 오랫동안 바라보니
난간 밖 늘어진 버드나무,
소식은 없고
봄날 제비만 쌍으로 돌아왔네.

【주석】

1) 鳳凰: 옷에 금실로 수놓인 봉황 도안을 말한다.
2) 盤: 수놓다.
3) 金縷: 금실.
4) 牡丹句: 규방의 여인이 화장을 한 모습이 마치 모란이 봄비에 씻기운 듯 하다는 의미.

5) 鬢輕句: 여인이 근심으로 머리가 가늘어지고 얼굴에 살이 빠져 길어진 모습.
6) 畫樓: 그림을 그려 장식한 누각.
7) 音信: 님의 소식을 전하는 편지.
8) 社: 고대 신에게 제사 지내는 날. 여기서는 봄 제사.

## 【감상】

이 사는 봄날 규방의 여인이 사랑하는 님이 돌아오기를 바라는 마음을 적고 있는데 그 속에 전해지는 여인의 처연함이 애처롭게 다가온다. 먼저 상편의 첫 두 구는 여인이 정성을 다해 화장을 한 모습을 적고 있다. 첫 구는 금색 실로 수놓은 봉황이 쌍쌍이 그려져 있는 여인의 아름다운 옷을 묘사하고 있다. 두 번째 구는 여인의 모습이 마치 지난밤 細雨에 씻긴 모란꽃처럼 선명하고 아름다움을 비유를 통해 묘사하고 있다. '밝은 거울 앞에(明鏡)'로 시작되는 세 번째 구는 여인의 미묘한 정서를 표현하고 있다. 어쩌면 자신의 추측일 수도 있고, 어쩌면 다른 사람이 들은 소문일 수도 있겠지만 자신이 사모하는 님이 틀림없이 빨리 돌아오리라는 마음에 예쁘게 새로 화장을 한다. 화장한 후에 거울에 비추어본 자신의 모습은 이전과 다르게 여위고 수척해 있다. 이는 바로 님과의 이별로 인한 그리움에서 말미암은 것이리라. '새로이 화장을 한다(新妝)'고 한 것은 사랑하는 사람이 곁에 없기에 평소에는 화장을 하지 않다가 새로 해본다는 의미다.

하편은 화장 후 여인의 행동과 정서를 적고 있다. 하편의 첫 두 구는 여인이 화장 후 높은 누각에 올라가 멀리 님이 오시나 오래도록 바라보지만 사랑하는 님이 돌아오는 모습은 보이지 않고 난간 밖의 버드나무 가지만 길게 드리워져 있음을 적고 있다. 이는 여인의 행동을 통해 나타나는 그녀의 마음을 표현한 것이라 할 수 있다. 마지막 두 구는 여인의 여운의 정을 직설적으로 표현하고 있다. 즉 기다리던 님은 돌아오지 않고 그뿐 아니라 편지한통 없으니 처연하고 실망한 마음을 감출 길 없는 것이다. 그런데 여인을 더더욱 상심하게 하는 것은 봄날이 되어 제비는 다시 짝짝이 돌아와 처마 밑을 날고 있으니 자신의 처지가 저 제비만도 못하다고 여겨지게 되는 것이다.

## 其八

牡丹花謝鶯聲歇,
綠楊滿院中庭月。
相憶夢難成(1),
背(2)窗燈半明。

翠鈿(3)金壓臉(4),
寂寞香閨掩。
人遠淚欄干(5),
燕飛春又殘。

【국역】

모란 꽃 지고 꾀꼬리 노랫소리 한적하니
정원 가득 푸른 버드나무 위로 뜬 달,
그리움에 잠은 들지 않고
북창에 등불만 희미하네.

비취장식 금은장식 얼굴을 덮고
고요한 적막은 규방을 덮고,
멀리 간 님 생각에 눈물이 주룩주룩
제비는 날아오니 이 봄은 잔인도 하여라.

【주석】

1) 相憶句: 그리움의 정이 너무 간절해 잠을 이룰 수 없다.
2) 背: 등지다. 후면, 배면. 북쪽.
3) 翠鈿: 비취석이나 혹은 珠玉, 金銀 등으로 꽃처럼 만든 머리 장식.
4) 金壓臉: 금은 장식이 얼굴을 가렸다는 말로 즉 화려한 머리장식을 뜻한다. 壓: 덮다, 가리다.
5) 淚欄干: 혹자는 "눈물이 난간에 떨어진다"고 해석하고 있는데 잘못된 해석이다. 눈물이 얼굴에 타고 내린 자국이 마치 난간과 같다는 뜻이다. 왜냐하면 白居易의 〈長恨歌〉에 "조용히 옥 같은 얼굴에 눈물 자욱 난간이 되고, 배꽃 한 가지 새로 봄은 비를 머금고(玉容寂寞淚欄干, 梨花一枝春帶雨.)"라는 구절이 있는데 이것이 그 예증이다.

## 【감상】

이 사는 그리운 사람으로 인하여 잠 못 이루는 밤을 적은 것이다. 상편의 첫 두 구는 겉으로 보이는 모습들을 노래했다. 모란이 피었다 지고 꾀꼬리 소리도 이제 들리지 않게 된 늦은 봄날 버드나무는 정원에 가득하고 달은 중천에 떠있는 깊은 밤이다. 이는 시간과 공간을 모두 나타내고 있으며 모두 여인이 외부의 사물을 통해 느끼는 감정이다. '그리움에(相憶)'로 시작되는 두 구는 늦은 봄날 저녁에 여인의 멀리 떠난 님을 그리는 정서를 나타내고 있다. 이별로 인해 그리워하다 잠들지 못하고 밤새 뒤척이다 일어나 앉아 깊은 상념에 잠긴다. 규방 안에 어둑어둑한 등불은 바로 '잠들지 못하는(夢難成)'는 증거이며 처량하고 적막한 분위기를 상징적으로 나타내고 있다.

하편에서는 한층 깊이 있게 이러한 정경 속에서 느끼는 여인의 감정을 적고 있다. '고요한 적막이 규방을 덮고(寂寞香閨掩)' 있기에 그 고독감과 적막감에 어찌할지 몰라 여인은 비취금은 장식으로 얼굴을 가려 보지만 결국은 아무것도 변하지 않는 자신의 모습에 더욱 자조하게 된다. 따라서 마지막 두 구는 내심에서 저절로 흘러나오는 자조적 한탄인 것이다. 얼마나 많은 불면의 밤을 보냈는가! 님은 아득히 멀리 있고 독수공방하며 눈물로 얼굴을 씻고 지낸 세월! 지금 다시 제비가 날아드는 늦은 봄을 맞이했다. 이 구는 첫 두 구의 계절적 모습과 서로 호응하고 있으며 동시에 여인이 덧없이 세월을 보내며 안타까워하는 심사를 절절하게 표현하고 있다.

## 其九

滿宮(1)明月梨花白,
故人萬里關山(2)隔。
金雁(3)一雙飛,
淚痕沾綉衣。

小園芳草綠,
家住越溪(4)曲。
楊柳色依依(5),
燕歸君不歸。

### 【국역】

집안 가득 비추는 달빛으로 배꽃 새하얗고
님은 만리 밖 변방에 있네.
기러기 쌍으로 날아가니
눈물이 비단옷을 적시네.

작은 정원 풀빛 푸른데
집은 월나라 시냇가 굽이굽이,
양류는 한들한들,
제비는 돌아왔건만 님은 돌아오지 않네.

## 【주석】

1) 宮: 집. 六朝 말기 陸德明이 지은 ≪經典釋文≫을 보면“옛날에는 부유한 자나 빈천한자나 사는 곳을 모두 宮이라 칭했다. 秦漢이래로 오직 왕이 거하는 곳을 宮이라 했다.(古者貴賤同稱宮, 秦漢以來, 惟王 者所居稱宮焉.)" 여기서 宮은 일반 주택의 뜻이지 皇宮의 의미가 아니다.
2) 關山: 산과 물이 막혀있는 머나먼 곳. 본의는 關塞과 山岳.
3) 金雁: 규방 여인의 옷에 그려진 기러기로 볼 수도 있다.
4) 越溪: 고대 월나라 미녀 西施가 옷을 씻던 곳. 여기서는 자신의 고향을 말하며 서시와 자신을 은연중에 비유해 말하고 있다.
5) 依依: 연약한 나뭇가지가 바람에 흔들거리는 모양. 《詩經·小雅·採薇》 편에 보면 “옛날 내가 떠날 때는 수양버들 한들한들 하더니.(昔我往矣, 楊柳依依.)"라는 구절이 있다.

## 【감상】

온정균의 사에 나타나는 여인은 대부분 규방의 여인들인데 이 사에서는 민간의 여인이 님을 그리는 마음을 적고 있다.

상편은 높고 먼 곳으로부터 적어 나오고 있다. 첫 구는 집안으로 훤하게 밝히며 들어온 달빛을 통해서 잠 못 이루는 밤을 암시하고 있다. 여인이 창가에서 보니 달빛아래 배꽃은 활짝 피어 또렷하고 집 안팎이 새하얀 세상이 되어있다. 다시 눈을 들어 멀리를 보니 산들은 첩첩이 쌓여 시선을 막고 님은 첩첩 산 너머로 보이지 않는 만리 밖 변방에 있는 것이다. ‘기러기(金雁)’로 시작되는 두 구는 위의 구를 이어받아 멀리서부터 가까운 곳을 적고 있다. 님과 자신이 만리 밖 먼 곳에 있기에, 보이지 않고 소통할 수 없기에 그리운 정이 더욱 절실해지는 것이며 이로 인해 날마다 불면의 밤을 보내게 되는 것이다. 따라서 어떤 때는 옷에 수놓인 쌍쌍의 기러기만 보아도 그리움에 눈물로 옷을 적시고 만다.

하편은 가까운 곳으로부터 번져나가고 있다. '작은 뜰(小園)'로 시작되는 두 구는 여인의 자기소개이며 동시에 만리 밖에 있는 님에 대한 소리침인 것이다. 마치 여인이 "아시나요? 우리집 개울가의 작은 뜰에 봄풀이 파릇파릇한데 당신은 어찌 아직도 돌아오시지 않는 것 인가요?" 라고 소리치고 있는 듯하다. 마지막 두 구는 시간을 전환시켜 가까운 곳으로부터 먼 곳으로 퍼져나간다. '버드나무는 한들한들(楊柳色依依)' 하는 것은 바깥 경물이고 '제비는 돌아왔건만 님은 돌아오지 않네(燕歸君不歸)' 라고 하는 것은 바깥 경물로 인하여 일어나는 감정이다. 문밖의 버드나무는 사랑하는 님이 떠날 때 그대로 그렇게 하늘하늘한데 제비가 날아 돌아왔지만 그리운 사람은 돌아오지 않고 있는 것이다. 이 사는 경물을 통해 사람의 마음을 표현해 내고 있으며 진지하고 진실된 감정을 나타내고 있다.

## 其十

寶函(1)鈿雀金鸂鶒(2),
沈香閣(3)上吳山(4)碧。
楊柳又(5)如絲,
驛(6)橋春雨時。

畫樓音信斷,
芳草江南岸。
鸞鏡(7)與花枝,
此情誰得知。

【국역】

베갯잇 곁으로 鈿雀, 金鸂鶒 비녀 머리장식
심향각에 오르니 강남의 봄기운이 짙다.
버들가지는 또 실같이 여리니
驛舍 다리에 봄비 내릴 때.

화루에 소식은 끊기고
꽃과 풀만 강남 언덕 가득,
매일 거울보고 꽃가지로 장식하나
이 정을 누가 알까?

【주석】

1) 寶函: 베갯잇. 베개의 측면에 수놓은 부분, 즉 여기서는 화려한 침구.
2) 鈿雀: 鈿雀, 金鸂鶒은 모두 베개위로 놓여진 화려한 여인의 머리장신구.
3) 沈香閣: 일반적으로 화려한 누각을 지칭한다.
4) 吳山: 중국의 강남일대의 산. 지금의 강소성과 절강성 지역.
5) 又: 여기서 '또'라고 말한 것은 옛날 님과 헤어질 때도 지금의 풍경과

같이 양류가 하늘거리고 봄비가 내리는 때였다는 말이다.

6) 驛: 옛날 관원이나 공문을 전달하는 사람이 말을 갈아타거나 숙박하던 곳.

7) 鸞鏡: 거울을 말한다. 南朝 宋代 范泰의 <鸞鳥詩序>를 보면 "罽賓王이 彩鸞鳥를 얻게 되었는데, 아무리 울게 만들려 해도 그렇게 할 수 없었다. 부인이 말하길 '일찍이 듣기로 새는 그 같은 종족을 보면 운다고 들었습니다. 거울을 걸어 비춰 보이지요.' 하니 왕이 그 말을 따랐다. 鸞鳥는 거울 속을 보고는 슬프게 울었다. 애달프게 한밤까지 울다 한번 전율을 하더니 죽어 버렸다.(罽賓王獲 彩鸞鳥,欲其鳴而不能致. 夫人曰 : '嘗聞鳥見其類而后鳴, 可懸鏡以映之.'王從其言, 鸞睹影悲鳴, 哀響中宵, 一奮而絶.)"는 이야기가 나온다. 그 이후로 사람들은 거울을 '鸞鏡'이라 했다.

## 【감상】

이 사도 이별로 인한 그리움의 정을 적고 있다. 첫 구는 여인이 잠자리에서 막 일어나는 것을 적고 있다. 그러나 분명하게 말하지는 않고 화려한 베개 옆으로 놓인 금비녀를 통해 암시적 효과를 보이고 있다. 이는 온정균이 자주 사용하는 묘사 수법이다. 그 다음 구에서는 그녀가 일어난 후 누각에 올라 멀리를 바라보니 강남의 봄기운과 함께 녹음이 짙었음을 묘사하고 있다. 이 두 구는 그냥 보기에는 단순히 경물을 적은 것 같지만 사실은 그 뒤에 표현할 것들을 위한 필요 불가결한 포석인 것이다. '양류(楊柳)' 두 구는 바라보는 풍경이다. 버드나무 가지는 실처럼 흔들리고, 驛舍 곁의 다리는 봄비로 아득하게 보이는 것이 마치 이별의 정으로 가득한 한 폭의 그림 같다. 이 버드나무가 실처럼 흔들리고 봄비나 내리는 풍경은 바로 지난 날 님과 역사 다리에서 이별할 때의 모습과 똑같은 것이다. 특히 이 구의 '또'라는 '又'자를 통해서 다시금 반복되는 계절의 순환과 고독한 여인의 상황을 확연하게 드러내 주고 있다.

하편의 두 구는 상편의 봄의 풍경을 이어서 적고 있다. 누각에 올라 보니 언덕의 봄풀이 짙푸르다. 이를 보면서 멀리 떠나 돌아오지 않는 님을 생각하게 된다. 그러나 님은 자신에게 소식조차 전해주지 않는다. 그래서 마지막 두 구는 완곡하고 은근하게 그녀의 아쉬움을 표현하고 있다. 거울과 꽃가지는 본래 감정을 가지지 않는 무정한 사물들이다. 그러나 그녀가 거울을 마주하고 화장을 하면서 보게 되는 거울 속 자신의 용모는 꽃과 같이 아름답다. 따라서 자연스레 봄날 꽃이 쉽게 지듯이 자신의 청춘 또한 금방 지나가 버린다는 것을 깨닫게 되는 것이다. 님에 대한 그리움의 정은 더욱 절실해 지지만 그러나 이런 자신의 마음을 그 누구도 알아주지 않는다. 아마도 매일 자기와 함께하는 난경 거울과 꽃가지는 알아주리라고 표현하고 있다.

## 其十一

南園滿地堆輕絮(1),
愁聞一霎(2)淸明雨。
雨後却(3)斜陽,
杏花零落香。

無言匀(4)睡臉(5),
枕上屛山掩(6)。
時節欲黃昏,
無聊獨倚門。

【국역】

남쪽 정원 가득 버들가지 뒤덮고
시름겨운 소식 같은 잠시 흩뿌리는 청명절 비
비 그친 후 비껴드는 햇살
살구꽃 여기저기 떨어지며 향기가득.

자다 깨어 말없이 얼굴 다듬네
베개 너머 병풍 속 산은 어둠에 가리고
시간은 시나브로 황혼으로 갈 때
무료히 홀로 문간에 기대어 본다.

【주석】

1) 輕絮: 봄날 버드나무에서 피는 솜털 같은 꽃.
2) 一霎: 아주 짧은 시간.
3) 却: 또, 다시.
4) 匀: 균형 잡히다, 고르다.
5) 睡臉: 잠에서 깬 얼굴.

6) 掩: 가리다. 여기서는 베개 앞에 있는 병풍 속의 산이 황혼이 내리자 어둠에 가렸다는 뜻.

## 【감상】

이 사는 여인이 황혼을 맞이하며 느끼는 서글픔을 적은 것이다. 상편은 여인이 오후 잠에서 깨어났을 때의 주변의 자연 풍경을 적고 있다. 이것은 인물에 대한 배경이 된다. 청명절날 정원에는 버드나무 솜이 가득하다. 이윽고 실같이 가는 비가 내리기 시작한다. 그러나 비는 오래 내리지 않고 다시 날씨는 갠다. 석양이 정원을 비추니 비갠 후 살구꽃은 더욱 또렷하다. 이러한 그림 같은 배경으로 이미 대략적인 여인의 심리상태가 나타나고 있다. 빗소리를 그녀는 '시름겨운 소식(愁聞)'으로 느끼고 있고 또렷한 살구꽃은 그녀의 눈에는 오히려 차가운 색채로 보이고 있다. 이것은 여인의 자신의 감정을 外物에 移入한 결과이며 바로 여인이 황혼에 느끼는 고독과 서글픔의 반영이다. 상편에서 묘사되는 늦은 봄 황혼 무렵의 경치는 비록 아름답고 찬란하지만 석양이나 꽃잎 그 자체가 기울어 쇠락해 가는 성질의 것이기에 이미 보는 이로 하여금 서글픈 분위기를 자아낸다.

하편은 여인이 잠에서 깨어나서 적막하고 무료한 상태를 보여주고 있다. '말없이(無言)'로 시작하는 두 구는 오후 잠에서 깨어난 순간으로 비단 베개와 병풍에 드리우는 그림자와 여인의 얼굴을 겹치게 하여 많은 것을 암시하고 있다. 즉 '말없이(無言)'과 상편의 '시름겨운 소식(愁聞)' ,'떨어진(零落)'등이 서로 호응하며 그 고독함을 최고조로 이끌어낸다. 마지막 두 구는 시간이 황혼이 되어 여인의 마음이 더욱 공허해

지기에 홀로 문간에 기대어 어찌할 수 없는 무료함으로 서성이는 것을 묘사하고 있다.

## 其十二

夜來皓月(1)纔當午(2),
重簾(3)悄悄無人語。
深處麝烟(4)長,
臥時留薄妝。

當年還自惜,
往事那堪憶。
花露(5)月明殘,
錦衾(6)知曉寒。

### 【국역】

밤이 드니 밝은 달은 중천에 걸렸고
인기척 없어 겹겹이 주렴만 찰랑찰랑
깊은 규원 사향 향내만 오래고
누우니 옅은 화장 향기만 머무르네.

그 옛날 그 고왔던 자태
지나간 일이야 어찌 다 기억하리

꽃이슬 사이로 밝은 달 기울 때
비단이불이 새벽의 한기를 느끼네.

**【주석】**

1) 皓月: 맑고 밝은 달.
2) 當午: 정 중앙. 즉 중천에 걸린달.
3) 重簾: 주렴이 겹겹이 놓여있음. 즉 閨園이 깊다는 뜻.
4) 麝烟: 사향을 넣어 만든 향초. 탈 때 사향 향기가 가득하게 된다.
5) 花露: 어떤 판본에는 花落으로도 되어 있다.
6) 錦衾: 비단으로 만든 이불.

**【감상】**

이 사는 견디기 힘든 긴 밤을 지새우고 있는 여인의 모습을 적고 있다. 상편의 첫 두 구는 저녁의 한적하고 고즈넉한 경치를 묘사하고 있다. 밝은 달은 하늘 높이 걸려있고 주렴은 겹겹이 드리워져 있다. 첫 구의 '겨우(纔)'라는 것을 통해서 여인이 초저녁부터 깊은 밤까지 잠들지 못하고 시름에 겨워하고 있으며, 밤은 더디게 가기만 한다는 것을 나타내고 있다. 따라서 이제 겨우 달이 중천에 걸렸을 뿐인 것이다. '깊은 규원(深處)'로 시작하는 3, 4구는 위의 내용들과 호응하고 있다. 즉 '깊은 규원(深處)'은 '겹겹 주렴(重簾)' 과 호응하고 '사향 향내 오래 이고(麝烟長)'는 '이제 겨우 중천에 걸렸고(纔當午)'와 호응하고 있다. 왜냐하면 여인이 잠 못 들고 있기에 아마 등불을 켜지 않고 있을 것이고 실내의 모든 것이 어두컴컴하고 향불만 별처럼 불빛을 밝히고 한 가닥 푸른 향 연기를 피어 올리고 있을 것이다. 그리고 그 다음 구에서 '누우니 옅은 화장 향내만 머무르네(臥時留薄妝)'라고 함으로써 여인의 모습을 묘사하며 하편의 지나간 일들에 대한 추억을 인도한다.

하편의 첫 두 구는 여인의 지난날 아름다웠던 모습을 상기하고 있다. 두 번째 구에서 '어찌 다 기억하리(那堪憶)'라고 하는 것은 기억을 하지 못하겠다는 의미가 아니라 그 당시의 아름다운 자태를 이루 다 말하지 못한다는 의미이다. 그러나 상편에서 말한 것처럼 지금은 이 모든 것이 다 부질없는 초라한 자신의 모습을 발견하게 된다 그래서 '옅은 화장(薄妝)'은 더욱 서글퍼지게 되는 것이다. 이어지는 마지막 두 구는 한 밤 중천에 걸린 달이 새벽까지 가는 길고 긴 시간의 과정을 적으면서 자연스럽게 여인의 겹겹의 근심을 표현하고 있다. '꽃이슬 사이로 밝은 달 기울 때(花露月明殘)'는 바로 여인의 모습이다. '비단이불이 새벽의 한기를 느끼네(錦衾知曉寒)'라고 하는 것은 춥고 긴 밤 그 고독함을 누가 알아주겠냐는 그녀의 처한 상황을 개괄하는 것이다. 이 사를 두고 葉嘉瑩선생은 《嘉陵論詞叢稿》에서 '무한한 哀怨의 情이 無言중에 나타나고 있다'고 말하고 있다.

## 其十三

雨晴夜合(1)玲瓏(2)日，
萬枝香裊(3)紅絲拂(4)。
閒夢憶金堂(5)，
滿庭萱草(6)長。

繡簾垂菉蔌(7),
眉黛(8)遠山(9)綠。
春水渡溪橋,
憑欄魂欲消(10)。

【국역】

비 갠 후 자귀나무 꽃 햇살에 영롱하고
모든 꽃가지 꽃향기 피어나고 빨간 꽃잎은 하늘하늘 날린다.
선잠에 화려한 金堂을 꿈꾸다 깨니
정원 가득 忘憂草만 무성하네.

비단주렴에 늘어뜨린 술을 사이하고
눈썹먹으로 산같이 눈썹을 짙게 그리고
봄물이 개울다리 지날 때
난간에 기대어 넋을 잃네.

【주석】

1) 夜合: 夜合花, 자귀나무 꽃. 꽃이 아침에 피었다가 저녁에 닫히므로 夜合花라 한다.
2) 玲瓏: 영롱함. 여기서는 꽃이 가장 아름답게 활짝 피었을 때를 말한다.
3) 香裊: 향기가 아롱아롱 피어오르는 것.
4) 紅絲: 붉은 꽃잎. 拂: 흩날리는 모습.

5) 金堂: 화려하게 꾸며놓은 대청(大廳).

6) 萱草; 원추리. 일명 忘憂草라고 한다.

7) 莾葒: 깃발이나 주렴등에 길게 늘어뜨린 술 또는 술장식.

8) 眉黛: 여인이 눈썹을 그리는 눈썹먹. 혹은 여인의 눈썹, 미간.

9) 遠山: 당시 눈썹을 그리는 눈썹 화장법 한 종류. 葛洪이 지은 것으로 추정되는 ≪西京雜記≫에 보면 漢代 "司馬相如의 처 卓文君은 얼굴이 아름다웠다. 얼굴가는 항상 갓 피려는 연꽃 같았고 미간사이 눈썹은 먼 산 같았다. 그래서 당시 여인들이 이를 흉내내 遠山眉를 그렸다"고 그 기원을 적고 있다.

10) 魂欲消: 넋이 나갈 것 같다는 뜻. 消: 소실되다, 없어지다.

## 【감상】

이 사는 여인이 한낮에 꾸는 꿈과 꿈에서 깨어난 후 어지러운 심정을 적고 있다. 시작하는 첫 두 구는 비가 온 후 햇살이 찬란히 비추는 가운데 자귀나무 꽃은 영롱하고 온갖 꽃들이 어우러져 아름다움을 다투고 있는 모습을 묘사했다. 산들바람이 살며시 불어 향기가 날리고 붉은 꽃잎은 가볍게 흔들린다. '날린다'는 '拂'자는 꽃이 지고 꽃잎이 날리는 모습을 생동감 있게 묘사한 것이다. 이 두 구는 남녀의 사랑을 불러일으키는 구절이다. 여인은 이 고요하고 아름다운 세상 속에서 낮잠을 잤고 아름다운 꿈을 꾸었다. 깨어나 꿈속의 일을 생각하며 화려한 거처로 돌아와 정원을 보니 원추리가 가득함을 본다. 이는 바로 근심을 잊게하는 忘憂草인 것이다. 여기서 작가는 원추리 풀과 첫 구의 꽃을 교묘하게 호응시키고 있다. 그러나 꿈은 결국 꿈인 것이다. 지난 기억도 결국은 기억일 뿐이다. 모든 것이 진정 그녀의 현실을 만족시켜주지 못한다. 결국 그녀는 드리워진 비단 술을 사이하고 깊은 생각에 빠진다. 근심에 빠져 찡그린 그녀의 미간은 멀리 보이는 푸른 산 능선 같다. 어찌할 수 없는 마음에 난간에 기대어 멀리를 바라보니 봄 강물은 다리 밑 개울가로 완만히 흐르고 보는 곳곳마다 서글픈 기분을 자아낸다. 이를 물끄러미 바라보며 자신의 젊고 아름다움 또한 봄날 강물이 흘러가는 것 같이 가버린다는 것을 느끼며 서글픈 마음을 금하지 못하는 것이다.

## 其十四

竹風輕動庭除(1)冷,
珠簾月上玲瓏影。
山枕(2)隱(3)濃妝,
綠檀(4)金鳳凰。

兩蛾愁黛淺。
故國吳宮遠(5)。
春恨正關情,
畫樓殘點聲(6)。

【국역】

대나무 사이로 바람이 이니 정원 섬돌 차갑고
주렴사이로 달빛 영롱하게 그림자 진다.
베개에 기대 짙은 화장을 감추고
녹색 단향 목침에 금빛 봉황이 아로새겨져 있네.

미간은 근심으로 눈썹먹도 흐려지고
고향의 吳나라 궁궐은 아득하다.
봄날 시름으로 이 맘 가눌 길 없는데
畵樓에는 물시계 소리뿐.

【주석】

1) 除: 廊下에 놓인 섬돌 계단.
2) 山枕: 베개의 바깥쪽이 높이 올라와 凹자 형으로 산의 모양을 하고 있어 山枕이라 한다.
3) 隱: 숨기다. 혹은 '의지하다' '기대다'의 뜻도 있다.
4) 綠檀: 녹색의 단향목.
5) 故國句: 西施의 말을 빌어 자신의 고국에 대한 정을 토로하고 있다. 吳宮: 춘추전국시대 吳나라의 궁궐, 지금의 江蘇省 蘇州일대.
6) 殘點聲: 물시계의 물방울 떨어지는 소리. 殘: 얼마 남지 않음, 즉 물시계에 남은 물이 다 떨어지면 새벽이 된다는 말이다.

## 【감상】

이 사는 宮怨詞이다. 상편에서는 청량한 풍경을 노래하고 있다. 즉 첫 구에서는 빽빽한 대나무 숲 사이로 그림자 지고 그 사이로 차가운 바람이 이니 정원은 차갑고 서늘해져, 사람으로 하여금 저절로 한기를 느끼게 한다. 두 번째 구의 '주렴사이로 달빛 영롱하게 그림자 진다(珠簾月上玲瓏影)'는 것은 밝은 달빛이 주렴 밖에서 비추어 실내에 아롱지는 모습을 적은 것이다. 이러한 달그림자가 맑게 드리우는 저녁 짙은 화장을 한 궁녀가 베개를 끌어안고 누웠다. 왜 그렇게 베개 속으로 깊이 얼굴을 묻고 있는지는 우리가 금방 짐작할 수 있다. 그러나 작자는 이를 직접적으로 풀어내지 않고 상편에서는 정경의 묘사만을 하고 구체적인 심경은 하편으로 넘기고 있다. 따라서 네 번째 구에서도 '녹색 단향목침에 금빛 봉황이 아로새겨져 있네(綠檀金鳳凰)' 라고 하여 앞의 구 '짙은 화장(濃妝)'을 보충하고 이로써 그 주변 환경들이 화려하고 아름다움을 나타내고 있다.

하편에서는 첫 두 구를 도치시키고 있다. 즉 자신의 집이 吳宮으로부터 아주 멀리 떨어져 있기에 두 미간은 저절로 근심 짓게 된다. 눈썹 그린 두 미간을 찌푸리자 화장이 지워져 희미해져 버린 것이다. 이것은 西施가 오나라 궁궐에 있으면서 월나라를 그리워 한 典故를 암시적으로 빗대어 궁녀의 오나라 궁궐에서의 적막하고 견디기 힘든 고독을 나타내고 있다. 마지막 두 구는 더욱 깊어진 境界를 나타낸다. 궁녀가 홀로 畵樓에 지내며 밤새 잠들지 못하고, 바깥에서 들리는 물시계 소리는 날이 밝을 때 까지 그치지 않으니 봄날 여인은 저미는 고독 속에 근심은 더욱 깊어만 가는 것이다.

# 更漏子

柳絲長、春雨細,
花外漏聲迢遞(1)。
驚塞雁、起城烏(2),
畫屏金鷓鴣。

香霧薄(3)、透簾幕,
惆悵謝家(4)池閣。
紅燭背(5)、繡簾垂,
夢長君不知。

## 【국역】

버들가지 늘어지고
봄비 흩뿌릴 때
꽃 사이로 멀리서 들리는 물시계 소리,
놀란 변방의 기러기
성안의 까마귀 날아오르고
병풍 속 금빛 자고는 조용하네.

향 연기 엷게 퍼져
주렴 장막을 지나고
근심에 쌓인 화려한 누각,

붉은 초를 등지니
수놓인 발을 드리우니
긴 꿈자리 그대는 모르리.

## 【주석】

1) **漏聲**: 물시계 소리. 漏란 更漏를 말한다. 更이란 해가 질 무렵부터 새벽까지 시간을 다섯으로 나눈 시각을 의미하며 경루란 밤 동안 시간을 알리기 위해 떨어지는 물시계 소리를 의미한다. 고대에는 시간의 측정의 도구로 물방울을 일정하게 떨어뜨려 측정했다.
**迢遞**: 아득한 모습을 나타낸다. 즉 물소리가 화원 밖 멀리서 전해오는 모습을 의미한다.
**遞(체)**: '서로 번갈아 들다'라는 뜻으로 여기서는 물시계의 물 떨어지는 소리가 번갈아 들림을 가리킨다.
2) **塞**: 변새, 변방. 여기서는 북방지역을 지칭한다. **烏**: 까마귀
3) **香**: 향로에 피워놓은 향. **霧**: 안개라는 의미지만 여기선 향 연기를 의미한다. **薄**: 연기가 널리 퍼져서 희미해지는 상황.
4) **謝家**: 원래는 위진남북조 西晉시대 부호였던 謝安의 집을 謝家라고 한다. '謝家池閣'으로 호화로운 주택을 상징한다. 당나라때 太尉 李德裕에게는 아름다운 謝秋娘이라는 첩이 있었다. 그녀를 위해 아름다운 집을 지어 주었다. 이를 '謝家'라고 했다. 이후 李德裕가 浙江을 평정한 후 죽은 그녀를 위해 <謝秋娘曲>을 지어주었다. 이후 '謝家'나 '謝娘'이라 하면 歌妓나 미녀를 지칭하게 되었다.
5) **紅燭背**: 붉은 촛불을 밝히고 있지만 근심과 그리움에 등불을 등지고(背)있는 모습.

【감상】

이 사는 여인이 사랑하는 사람을 그리워하는 내용을 적은 것이다. 상편의 첫 세 구는 계절과 꽃나무를 통해 여인의 감정을 적고 있다. 봄비가 보슬보슬 내리고 버드나무 가지는 하늘하늘 늘어져 보슬비가 꽃나무에 내려 앉아 방울방울 맺혔다가 한 방울 한 방울 땅으로 떨어진다. 빗방울 떨어지는 소리를 조용한 저녁에 듣고 있자니 또 멀리서 물시계의 물방울 떨어지는 소리가 들려온다. 이러한 물방울 소리를 들을 때 여인은 평온을 찾으려 해도 평온을 찾을 수 없다. 오히려 그녀의 마음을 더욱 어지럽게 한다. 따라서 이어지는 두 번째 감정은 더욱 깊어진다. 하늘 멀리서 들리는 기러기 울음소리와 성루에서 들리는 까마귀 울음소리는 그녀의 마음을 더욱 놀라게 한다. 이때 병풍을 수놓은 그림을 본다. 그녀의 마음을 대변이라도 하듯 병풍에 수놓인 금빛 자고새는 말없이 조용하다. 바깥의 울며 나는 기러기와 병풍 속의 움직임 없는 자고새를 대비시키고 있다. 이를 통해 바깥의 동적인 이미지와 규방의 정적인 이미지를 대조적으로 나타내고 있다. 즉 병풍 속의 움직임 없는 자고새의 모습이 바로 적막한 규방속의 자신의 모습인 것이다.

하편에서는 상편의 마지막 구 '병풍 속 금빛 자고는 조용하네(畫屛金鷓鴣)'를 이어받아 여인이 거처하는 규방의 모습을 묘사하고 있다. 엷은 연기가 주렴장막을 지나니 규방의 여인은 더욱 서글퍼진다. 붉은 촛불이 비스듬히 비추고 비단 수놓은 장막 드리워진 화려한 규방 속에 긴긴밤을 지새우는 여인의 괴로운 마음을 적고 있다. 마지막 구인 '긴 꿈자리(夢長)'를 통해서 주인공은 꿈속에서 사랑하는 님을 만난다고 하더라도 그것은 꿈속 일이니, 님은 알 수 없을 것이다. 따라서 그녀의 그리움과 고독은 더욱 깊어만 가는 것이다.

## 其二

星斗稀、鐘鼓歇(1),
簾外曉鶯殘月。
蘭露重(2)、柳風斜(3),
滿庭堆落花。

虛閣(4)上、倚欄望,
還似(5)去年惆悵。
春欲暮、思無窮,
舊歡如夢中。

【국역】

북두성 희미해지고
종소리 다할 때
주렴 밖 새벽 자규에 기우는 달,
난초에 맺힌 이슬은 초롱초롱
버드나무 바람에 흔들흔들
정원 가득 떨어진 꽃잎.

텅 빈 누각에 올라
난간에 기대어 멀리를 보니
그 해 근심은 아직도 여전한 듯,

봄은 저물고
생각은 가없어
옛 추억은 꿈에서나 볼까?

**【주석】**

1) 鐘鼓: 옛날 성에 鐘樓와 鼓樓를 두어서 때에 맞추어 종을 치고 북을 쳐서 시간을 알렸다. 성문이 열리는 새벽부터 낮 시간의 정각을 알릴 때는 종을 쳤고, 성문이 닫히는 시간부터 밤 시간의 알림은 고루에서 북을 쳐서 담당 했다. 歇: 그치다, 멈추다, 밤 시간을 알리는 북소리도 이미 그치었다는 의미로 곧 새벽이 밝아 옴을 말한다.

2 ) 蘭露重: 난초와 난잎에 층층이 맺힌 이슬. 重: 이슬이 층층이 맺혔음을 표현.

3) 柳風斜: 버드나무 가지가 바람에 나부끼어 가볍게 기울어지는 모습.

4) 虛閣: 사람이 다 가버린 빈 누각.

5) 還似: 같다, 여전하다.

**【감상】**

이 사는 여인이 아침 일찍 일어나 누각에 올라 멀리를 바라보며 떠나간 님을 그리워하는 사다. 상편에서는 아침의 맑은 풍경을 아주 객관적으로 묘사하고 있는듯 하지만 사실은 여인의 주관적 감정이 들어있다. 먼저 별들은 희미해지고 북소리도 뜸해졌다고 묘사하고 있다. '새벽 자규에 기우는 달(曉鶯殘月)'이라고 한 것은 맑은 새벽을 형상화 한 것이다. 다음 '난초에 맺힌 이슬은 초롱초롱(蘭露重)'으로 시작하는 세 구는 많은 대상물들을 이용해 아침 풍경을 적고 있다. 난초는 이슬을 머금었고 버드나무 가지는 가볍게 흔들리고 떨어진 꽃잎은 땅에 가득하다고 표현하며 아침의 색채를 더 강조며 동시에 봄이 곧 저물어 갈 것을 암시하고 있다. 즉 이 맑은 경치 속에 이미 적막함이 함축되어 있는 것이다.

하편에서는 이 맑은 분위기 속에서 드러나는 여인의 감정과 행동을 표현했다. 텅 빈 누각에서 난간에 기대어 멀리를 바라본다. 바라보니 멀리 떠나간 님은 돌아오지 않고 떠나간 그때의 경치와 같이 근심도 여전하다는 것이다. '아직도 여전한 듯(還似)'이라고 하는 것을 통해 이별이 오래되었고 그리움이 깊음을 나타낸다. 마지막 세 구는 그녀의 복잡한 마음속을 드러내고 있다. 봄날이 곧 다 가려하고 있다. 동시에 그녀 인생의 청춘 또한 점차 소실되어 가고 있다. 그런데 사랑하는 사람은 도대체 언제 돌아오는 것일까? 이런 끝없는 생각들이 꼬리에 꼬리를 물고 일어난다. 지난날 함께했던 즐거운 시간들이 꿈만 같을 뿐인 것이다.

## 其三

金雀釵(1)、紅粉面(2),
花裏暫時相見。
知我意、感君憐(3),
此情須問天。

香作穗(4)、蠟成淚,

還似兩人心意(5)。
山枕膩(6)、錦衾寒,
覺來更漏殘(7)。

【국역】

화려한 황금 비녀
빨갛게 화장한 얼굴
꽃밭에서 잠시 서로 만나,
님도 마음 주고
나도 정을 다해
이 마음 하늘에 물어야 알텐데.

향은 다하고,
촛농은 눈물 되어
마치 두 사람 마음인 듯,
베개 밑 눈물 자욱
비단 이불 속 찬 기운
깨어나니 물시계 떨어지는 소리뿐.

【주석】

1) **金雀釵**: 금으로 만든 참새모양의 비녀를 말한다. 고대 부녀들은 부귀와 아름다움의 상징으로 머리에 비녀를 했다.

2) 紅粉面: 여자의 얼굴 화장.

3) 憐: 사랑을 의미한다.

4) 香作穗: 향이 다 타고 떨어진 재가 쌓여 마치 이삭처럼 된 모습을 말한다. '穗(수)'는 이삭을 말한다.

5) 還似兩人心意: 마치 타버린 향(香穗)이 님의 마음이고 흐르는 촛농(蠟淚)은 자신의 마음 같다고 비유하고 있다.

6) 山枕膩: '山枕' 베개를 말한다. 온정균의 <菩薩蠻>에 '山枕隱濃妝' 이란 구절이 나오는데 역시 베개를 지칭한다. 膩: 《玉篇》에서 '垢膩'라고 해서 몸에서 나오는 때나 분비물이라고 해석하고 있다. 여기서는 베개가 눈물과 화장품으로 얼룩진다는 의미이다.

7) 更漏殘: 물시계(更漏)가 다되어 가니 곧 날이 밝는다는 의미이다.

## 【감상】

이 사는 여인이 정을 준 사람에 대한 원망을 적은 것이다. 상편에서는 사랑하는 사람과 처음 만났을 때의 모습을 추억하고 있다. 첫 두 구는 그녀의 당시의 꾸민 모습과 표정을 적고 있다. '화려한 황금 머리장식(金雀釵)'을 통해 그녀의 화려하게 꾸민 모습을 나타내고 있으며, ' 빨갛게 화장한 얼굴(紅粉面)'을 통해 그녀의 아름답고 수줍어하는 모습을 나타내고 있다. '꽃밭에서(花裏)'는 두 사람이 만났던 장소이고 동시에 그녀의 마음을 표현하는 것 같다. 이어지는 아래의 '잠시(暫時)'는 그녀가 사랑에 빠져있는 느낌을 나타내고 있다. 즉 실제로는 오랜 시간일지라도 사랑하는 사람과 함께한 연인들의 머릿속에는 '잠시'의 시간으로 느껴지는 것이다. '나도 정을 다해(知我意)'로 시작하는 세 구는 속에 있는 마음을 직접적으로 나타내고 있는 것이다. 즉 당신은 내가 당신에 대한 일편단심의 마음을 알고 있으며, 나 또한 당신의 나에 대한 사랑에 감동하고 있다는 것이다. 당시에 서로는 서로에 굳은 사랑의 맹서를 하였으며 이는 하늘을 두고 한 맹세이기에 하늘도 우리의 맹세를 알고 있다는 것이다.

하편은 여인의 원망스런 마음을 적고 있다. '향은 다하고(香作穗)'로 시작하는 세 구는 절묘한 비유를 통해서 님이 자신의 일편단심 사랑을 저버리고 간 사실과 그 이후의 일렁이는 감정을 적고 있다. 님과의 이별은 이미 오래되었는데 님은 소식하나 전해주지 않으니 여인의 마음은 타고난 향심지 같이 재가 다 되었다는 것이다. 다음 구는 여인의 상심한 마음을 말로서 다 형용하기 어렵지만 단지 비유를 하자면 날마다 밤마다 눈물을 흘리는 붉은 촛농과도 같다고 묘사하고 있다. 여기서 '향심지(香穗)'와 '촛농(蠟淚)'이 대를 이루어 여인의 애절한 마음과 슬픈 감정을 잘 나타내고 있다. 마지막 세 구는 버려진 자신의 괴로운 심정을 적고 있다. 병을 얻어 침상에 누웠으나 화려한 베개는 그녀의 눈물로 이미 다 젖어버렸고 비단 침구도 이미 그녀에게 따스함을 가져다주지 못한다는 것이다. 괴로움으로 저미어 드는 밤 잠 못 들고 뒤척이다 결국 물시계도 다하고 새벽이 밝아온다. 전체 사를 통해 볼 때 버려진 여인의 복잡하고 굴곡 많은 운명과, 사랑과 원한이 교차하는 여인의 복잡한 심리상태를 세밀하게 묘사하여 더욱 잔잔한 감동을 주고 있다.

## 其四

相見稀、相憶久,
眉淺淡烟如柳(1)。
垂翠幕、結同心(2),
待郎燻(3)綉衾。

城上月、白如雪,
蟬鬢(4)美人愁絶。
宮樹暗(5)、鵲橋横(6),
玉籤(7)初報明。

【국역】

가끔 본 님을
오래도록 그리워하네
안개 속 버들처럼 옅은 눈썹,
드리운 비취 발아래
서로 맺은 마음
이불에 향 쬐며 님 기다리네.

성곽에 달
눈같이 희고
고운 장식 여인은 근심으로 애를 끊네,
궁정 나무들은 어두워지고

은하수가 기울 때
물시계는 첫 여명을 알리네.

## 【주석】

1) 眉淺: 옅게 화장한 눈썹. 羅隱의 <江南曲>에 '漠漠遠山眉黛淺'이라는 구절이 있다. 여기서 '遠山'는 당시 눈썹을 그리는 한 방식이고 '眉淺'은 눈썹을 옅게 그렸다는 의미이다. '烟如柳'는 안개 속에 흐릿하게 보이는 버드나무 같다는 의미이다.
2) 結: '묶다'는 의미이다. 同心이란 同心結을 말하는데 옛날 중국인들은 수놓은 실을 서로 쌍으로 묶는 것을 '同心結'이라 했는데 이는 서로 사랑하는 남녀지간이나 부부가 된 것을 상징적으로 나타내는 징표였다.
3) 燻: 燻香을 줄여서 한 말이다, 당시 唐五代시기에는 향을 피우기를 좋아해서 의복이나 침구류등에 향을 사라 배어들게 했다.
4) 蟬鬢: 앞 <菩薩蠻>(其五)에서 언급했다. 머리를 두 갈래로 빗어 마치 매미의 두 날개처럼 한 머리모양. 《古今注》를 보면 "魏文帝의 궁녀 중에 莫瓊樹가 처음으로 蟬鬢 머리 모양을 했는데, 멀리서 보면 하늘하늘 매미 날개 같았다.(魏文帝宮人莫瓊樹始制爲蟬鬢, 望之縹緲如蟬翼然。)" 것에서 연유된 어휘이다.
5) 宮樹暗: 궁궐의 나무들이 빛을 잃어 어두워진다는 말, 즉 밤이 깊어 새벽으로 가면서 달이 기울어 넘어가니 날이 어두워짐을 말한다.
6) 鵲橋: 견우직녀가 만난다는 오작교를 말한다. 즉 은하수를 말한다. '鵲橋橫'이라고 한 것은 은하수가 기울어(橫) 이제 곧 새벽이 오려고

함을 의미한다.

7) 玉籤: 옛날 물시계의 시간을 알리는 부표를 말한다. 보통 대나무나 나무로 만들었는데 부표는 흰색으로 되어 있었기에 '玉籤'이나 '銀箭'이라 불렀다.

## 【감상】

이 사는 여인의 님에 대한 그리움과 밤새 잠 못 드는 불면의 상황을 적고 있다. 상편에서는 서로에 대한 그리움이 꿈으로 화했음을 적고 있다. 앞 세 구는 만나고 오래지 않아 긴 이별을 하고 있으며, 서로에 대한 그리움이 깊고 오램을 적고 있다. 아울러 '눈썹이 옅어짐(眉淺)'이 안개 속 버들가지 같다고 하여 여인이 님을 기다리다 초췌해진 모습을 구체적으로 묘사하고 있다. 뒤의 세 구는 앞에서 그리움(憶)이란 말이 있기에 회고하고 있는 내용이라 보는 것이 옳을 것이다. 먼저 '드리운 비취 장막(垂翠幕)'을 통해 꿈으로 인도되고 있다. 비취 장막이 드리워진 아래로 원앙처럼 다정한 한 쌍이 되자고 동심결을 맺었다. 그래서 비단 수놓은 침구 이불가로 향내 피우며 님을 기다리는 것이다.

하편은 꿈에서 깨어난 후 근심이 더욱 깊어짐을 적고 있다. '성곽의 달은 눈같이 희고(城上月, 白如雪)'라고 한 것은 꿈에서 처음 깨어서 보는 것들이다. 즉 눈처럼 흰 달이 성곽에 걸려있는데 꿈속의 님은 어디 있는지 찾을 수 없다! '고운 머리장식 여인은 근심으로 애를 끊네(蟬鬢美人愁絶)'라고 한 것은 여인의 무한한 애수를 직접적으로 묘사하고 있다. 마지막 세 구는 규방 여인의 근심스런 모습을 '궁정 나무들은 어두워지고(宮樹暗)', '은하수도 기울고(橋橫)', '물시계 부표도 여명을 알리(玉籤初報明)'는 것으로 형상적으로 전이시켜 그 완려함을 더하고 있다.

## 其五

背江樓, 臨海月,
城上角(1)聲嗚咽。
堤柳動、島烟昏(2),
兩行征雁分(3)。

京口(4)路、歸帆渡(5),
正是芳菲欲度。
銀燭(6)盡、玉繩(7)低,
一聲村落鷄。

## 【국역】

강가 누각을 뒤로하고
바닷가 달을 마주하니
성 위의 호각소리 구성지네,
제방 버들은 흔들흔들
섬은 안개 속으로 흐릿한데
기러기는 나뉘어 날아가네.

경구길
포구에는 회항하는 돛단배
바로 꽃이 지는 시절,
밝은 촛불 다하고
새벽 별도 기우는데
어느 村家의 닭 울음소리.

### 【주석】

1) 角: 호각, 표면을 장식한 畵角을 말한다. 畵角은 주로 성루에서 저녁이나 새벽을 알리는 기능으로 쓰였다. 뒤에 嗚咽이라고 한 것은 호각소리가 처량하고 구성짐을 나타낸다.
2) 島烟昏: 강 가운데 있는 섬이 안개에 뒤덮여 있음을 나타낸다. 이 구절은 배에서 본 풍경을 묘사한 것이다.
3) 征雁: 멀리 날아가는 기러기를 말한다. 여기서 두 줄(兩行)로 나뉘어(分) 날아가는 기러기떼의 모습이 마치 사람 '人'자의 형상으로 날아가기에 이렇게 묘사한 것이다.
4) 京口: 삼국시대 吳나라 京城으로 당시 장강하류의 지리적 요충지였다. 즉 지금의 강소성 鎭江市 일대를 말한다.
5) 歸帆渡: 고향으로 돌아가는 범선들이 포구에 정박하고 있는 정경을 묘사했다.
6) 銀燭: 밝은 촛불을 말한다.
7) 玉繩: 天工과 太乙이라는 두 별을 같이 부르는 말이다. 玉繩은 북두칠성의 다섯 번째 별인 玉衡의 북쪽에 위치하고 있다. 《太平御覽》

卷5를 보면 “玉衡은 북쪽의 두 별을 玉繩이라 한다(玉衡北兩星爲玉繩)”고 적고 있다. 玉繩이 질 때 밤이 다하고 날이 밝아온다. 그래서 옛날 시인들은 종종 ‘玉繩低’라고 해서 깊은 밤이나 혹은 새벽이 밝아옴을 이렇게 묘사했다.

## 【감상】

이 사는 두 가지 관점에서 쓰이고 있다. 즉 상편에서는 님을 그리는 여인의 모습이 하편에서는 먼길 떠난 남자의 고향 그리워하는 마음이 적혀있다. 먼저 상편에서는 저녁부터 새벽까지 멀리를 바라보며 님을 그리는 여인의 모습을 적고 있다. 처음 세 구는 여인이 강가 누각에 기대어 바다에서 달이 떠오르는 것을 보고, 또 성루에서 호각소리가 서글프게 들리는 것을 묘사하고 있다. 이어지는 뒷 구에서는 제방에 흔들리는 버드나무가지를 近景으로, 안개 자욱한 경치를 中景으로, 두 갈래로 날아가는 기러기 떼를 遠景으로 설정해서 경물을 묘사하고 있다. 즉 앞의 세 구는 시간의 흐름을 형상적으로 묘사했으며 뒤 세 구는 주변 경치를 묘사하고 있다. 어찌 보기에 단순한 경물의 묘사 같지만 그러나 그 속에는 님을 그리는 여인의 간절한 정이 넘쳐나고 있다.

하편에서는 시각을 바꾸어서 멀리 떠난 낭군의 돌아가고픈 마음을 적고 있다. 이것은 여인이 낭군을 기다리는 마음의 또 다른 표현이고 상상이라 할 수 있다. 하편의 첫 두 구는 육로로 가는 ‘길(路)’과 수로로 회항하는 ‘길(渡)’을 통해서 멀리 떠나 있는 낭군의 돌아가고픈 마음이 간절함을 적고 있다. 아울러 이때가 ‘바로 꽃이 지는 시절(正是芳菲欲度)’임을 통해 이미 봄이 다 가고 있으며 좋은 시절이 다시 오기 어려움을 나타내고 있다. 마지막 세 구는 남자가 밤부터 새벽까지 멀리 객지에서 밤을 지새우는 모습을 통해 나그네 길에서 느껴지는 광막하면서도 적적한 심정을 표현해 내고 있다. 마지막 구에서는 시골마을의 닭 울음소리를 듣는 자신을 통해 자신이 아직 아득히 먼 곳에 있다는 것과 돌아가고픈 마음이 간절함을 암묵적으로 표현하고 있다.

## 其六

玉爐香(1)、紅蠟淚,
偏(2)照畫堂(3)秋思(4)。
眉翠薄(5)、鬢雲殘,
夜長衾枕寒。

梧桐樹。三更雨,
不道(6)離情正苦(7)。
一葉葉、一聲聲,
空堦滴到明。

### 【국역】

옥로의 향
눈물 같은 붉은 촛농
화당 한쪽의 시름을 비추네,

옮어진 눈썹
흐트러진 귀밑머리
밤은 길어 베개 이불은 차기만 하네.

오동나무
삼경에 내리는 비
이별의 괴로움은 아랑곳하지 않는 듯,
한 잎 한 잎
또 옥 또 옥
텅 빈 섬돌에 새벽이 되도록 떨어지네.

【주석】

1) 玉爐: 아름다운 향로를 말한다.
2) 偏: 한쪽 면, 측면을 가리킨다. 여기서는 한쪽 방향으로 촛불이 비추고 있는 것을 말한다.
3) 畫堂: 옛날 부유한 집들은 화려하게 그리고 조각하였기에 모두 畫堂이라 불렀다.
4) 秋思: 가을날(秋日)의 근심스런 생각(愁思)을 말한다. 여기서는 주인공의 마음이다.
5) 薄: 옅다는 의미, 눈썹을 그린 푸른빛 도는 화장이 옅어졌음을 의미한다.
6) 不道: 관여치 않다.
7) 正苦: 《陽春集》에서는 '最苦'로 적고 있다. 같은 의미이다.

【감상】

이 사는 가을밤의 적막함과 이별의 정으로 잠 못 드는 심정을 적고 있다. 상편에서는 가을날 맞이하는 긴 밤의 고독을 적고 있다. 첫 세구는 촛농이 눈물처럼 흘러내리는 모습과 적막한 실내 분위기를 통해 근심스런 마음을 부각시키고 있다. '옥로향, 붉은 눈물 같은 촛농(玉爐香、紅蠟淚)'은 온정균이 화려한 규방을 표현하기 위해 자주 쓰는 배경이다. 그러나 화당에 옥로향과 붉은 초 그리고 여인만이 있어 그 적막함이 더욱 두드러진다. 여기에 다시 '눈물(淚)'이라는 글자가 보태어져서 처량함을 더하고 있다. 그리고 다음 구에서 '한쪽으로 화당의 시름을 비추네(偏照畫堂秋思)'라고 하고 있는데 '시름'이라고 표현한 이 '秋思'는 바로 '愁思'로 즉 쓸쓸한 가을 풍경으로 촉발되는 시름인 것이다. '시름'이라는 것은 본래 추상적인 것이어서 눈에 보이지 않는 것이지만 촛불이 '비추는(照)'것을 통해 그것도 '한쪽만 비추는(偏照)'것을 통해 사물에도 감정이 있는 것처럼 표현하고 있다. 그런데 촛불은 사람의 마음도 모르고 계속 비추고 있다. 아니 어쩌면 일부러 여인의 마음 속 고통까지 비추고 있는 것일 지도 모른다. 이는 바로 여인의 감정을 촛불로 이입시켰다고 볼 수 있다. 즉 처음 일어나는 여인의 근심을 촛불이 더욱 깊게 만들고 있는 것이다. 뒷 세 구는 앞의 시름겨움을 이어받아 여인의 긴 밤 잠 못 드는 괴로움을 나타내고 있다. '옅어진 눈썹(眉薄)'과 '흐트러진 머리(鬢殘)'는 바로 긴 밤 괴로움에 뒤척이며 잠 못 든 결과이다. 끝에 '긴 밤(夜長)'이라고 한 것은 여인이 느끼는 밤의 길이를 말하는 것이며 상편의 내용을 맺는 표현이다. 즉 '베개 이불은 차기만 하다(衾枕寒)'는 표현을 통해 가을날의 고독과 원망, 그리고 여인의 처량한 심정이 모두 함축되어 있다.

하편에서는 유려한 필체로 가을저녁의 전형적이 모습과 이별의 괴로움을 적고 있다. 깊은 밤 잠 못 드는 상황에서 여기에 더해 오동잎에 밤비가 떨어진다. 그런데 이런 풍경의 전개는 마치 자기와 아무 상관이 없는 듯이 일어나고 있는 것이다. 여기에 '아랑곳하지 않는다(不道)'는 것은 감정 전이의 매개체가 된다. '아랑곳하지 않는다(不道)'는 말을 통해서 여인의 사물을 의인화시키며 자기의 세계로 끌어들이고 있으며 동시에 여인의 괴로운 정을 잘 나타내고 있다. 끝 세 구는 그녀의 감정을 계속적으로 적고 있다. 오동잎은 떨어지고 빗소리는 깊어가니 이 모든 것 하나하나가 그녀의 가슴으로 들어온다. 바로 오동잎에 떨어지는 빗방울은 바로 자신의 가슴으로 떨어지는 빗방울이고 가슴속 눈물인 것이며 빗방울 소리 하나 하나가 숨죽여 우는 여인의 흐느낌인 것이다. 이어지는 '텅 빈 섬돌(空堦)'은 바로 여인의 텅 빈 마음과 같다. 끝으로 적적하고 고독한 규원에 빗방울이 새벽까지 떨어지는 것을 통해 여인의 근심으로 잠 못 이루는 불면의 심정을 함축적이고 진실 되게 묘사하고 있다.

# 歸國遙

香玉(1),
翠鳳寶釵(2)垂䍦䍦(3)。
鈿筐(4)交勝金粟(5),
越羅春水綠。

畫堂照簾殘燭,
夢餘更漏促。
謝娘(6)無限心曲,
曉屛山斷續。

【국역】

아리따운 옥 머리장식
초록빛 봉황비녀 늘어뜨린 술,
화려한 머리장식 어우러져 아름답고
강남 지방 비단옷 봄물처럼 투명하다.

화려한 누각 주렴 비추는 남은 촛불
꿈결 사이로 물시계 재촉하고,
아리따운 여인의 가없는 곡조
아침햇살 병풍에 아른아른.

## 【주석】

1) 香玉: 아름다운 옥, 즉 옥으로 만든 비녀(寶釵)의 재질을 말한다.
2) 翠鳳寶釵: 비취빛 옥으로 만든 봉황형 비녀를 말한다.
3) 裊簌: 비녀에 늘어뜨린 술을 뜻한다.
4) 鈿筐: 금, 은, 옥, 조개 등으로 만든 작은 장식용 비녀. 일명 소잠(小簪)이라고도 한다.
5) 金粟: 금으로 만들어 머리 장식에 꾸민 작은 금붙이.
6) 謝娘: 당시 미인을 지칭하는 대명사로 쓰였다. 중국 고전시가에서 歌妓들을 지칭할 때 많이 쓰인다. 앞의 〈更漏子〉에서 나오는 謝家와 같은 의미이다.

## 【감상】

이 사는 아름다운 여인을 묘사하고 있다. 상편에서는 '옥 머리장식(香玉)', '봉황비녀(寶釵)', '소잠(鈿筐)', '금 머리장식(金粟)', '강남비단(越羅)' 등과 같은 복식의 화려함을 통해 눈부시게 빛나는 여인의 아름다움을 드러내고 있다. 작가는 마치 움직이는 렌즈를 통하여 여인의 각 부위를 묘사하고 있는 듯하다. 먼저 머리의 비취 비녀에 가볍게 흔들리는 술을 보여준다. 다음으로 금, 은, 옥, 자개 등으로 상감되어진 소잠과 머리장식이 반짝 반짝 빛나는 것을 보여준다. 다음으로 초점을 아래로 돌려 마치 봄물같이 푸르른, 강남 비단으로 만든 여인의 옷을 보여줌으로 살아있는 것 같은 생동감을 주고 있다.

하편에서는 여인의 내적 고독을 적고 있다. 첫 구의 '화려한 누각 주렴 비추는 남은 촛불(畫堂照簾殘燭)'은 비록 부유하고 화려하지만 차갑고 쓸쓸한 여인의 거처를 적고 있다. 여기서 '남은(殘)'이라는 글자는 바로 시간의 덧없이 흐름과 아름다운 모습이 붙잡을 수 없이 사라져 가버림을 상징적으로 표현하고 있다. 그러니 여인이 어찌 상심하지 않을 수 있겠는가! 뒤의 '꿈결 사이로 물시계 재촉하고(夢餘更漏促)'는 여인이 꿈에서 깨면서 듣게 되는 소리이다. 깊은 밤 적막함 사이로 멀리서 들려오는 물시계 소리는 사람의 심경을 흔들어 놓기에 족하다. 다음 구에 '謝娘'은 여인의 신분이 歌妓임을 드러내고 있다. 그녀의 깊은 마음속에 숨기어 왔던 님에 대한 그리움은 노래로 다 하지도 못하기에 '끝없는 마음의 곡조(心曲)'로 연주되는 것이다. 마지막 구는 '아침햇살 병풍에 아른아른(曉屛山斷續)'하다고 분위기를 환기시킨다. 즉 다시금 경물을 묘사함으로써 더더욱 깊은 여운을 남기고 있다.

## 其二

雙臉(1),
小鳳(2)戰篦(3)金颭艶(4)。
舞衣無力風斂(6),
藕絲秋色(7)染。

錦帳(8)綉帷(9)斜掩,
露珠淸曉簟(10)。
粉心黃蕊(11)花靨(12),
黛眉山兩點。

【국역】

아름다운 얼굴
작은 봉황 한들한들 금빛 반짝이는 머리빗,
춤추는 舞衣 힘없이 바람에 쓸리고
옅은 미색으로 물들었네.

비단장막 수놓인 휘장 비스듬히 가리우고
아침이슬 대자리에 맺히네,
하얗고 노란 꽃 연지
산 능선 같은 까만 눈썹.

【주석】

1) 雙臉: 아름다운 여인의 두 볼을 말한다.
2) 小鳳: 비소(篦梳)라는 빗 위에 황금으로 만들어진 봉황모양의 장식.
3) 戰: 흔들흔들 흔들리는 모양.
4) 篦: 빗의 일종으로 일반적인 빗 보다는 더 빗살이 조밀하여 경우에 따라서 머리에 장식으로도 쓰였다.
5) 颭艷: 반짝반짝 빛나는 모양, 즉 '颭'은 바람을 받아 흔들림을 '艷'은 빛남을 말한다.
6) 風斂: '斂'은 '거두다', '거두어들이다'는 의미이므로 바람에 옷이 쓸리는 것을 말한다.
7) 藕絲秋色: 여인이 입은 舞衣의 엷고 부드러운 아미보리 빛깔을 말한다.
8) 錦帳: 비단으로 만든 아름답고 화려한 장막.

9) 綉帷: 채색 수놓은 휘장.

10) 簟: 대나무 자리.

11) 粉心黃蕊: 연지의 색깔을 말한다. 즉 꽃모양의 볼 장식인 연지(靨)의 색깔을 묘사한 것이다.

12) 花靨: 부녀자들의 볼에 채색을 해서 예쁘게 장식하는 연지. 연지의 기원에 대해서는 후궁들이 생리 중일 때 임금을 모시지 못한다는 표시로 뺨에 연지를 발랐다는 설과, 吳나라 사람이 부인의 뺨에 있는 상처를 치료하느라 흰 수달피 분말에 옥가루와 호박가루를 섞어 발랐는데, 붉은 흉터가 아름답게 보여 부인들이 모방하였다는 설 등이 있다.

## 【감상】

이 사는 아름다운 여인의 모습과 그녀가 거처하는 곳의 모습을 묘사하고 있다. 서정적 감정의 표현은 없다. 상편에서는 먼저 두드러진 머리장식과 옷의 화려함을 통해 아름다운 여인을 부각시키고 있다. 첫 구는 여자의 '볼' 묘사부터 시작된다. 그리고 다음 구는 여인의 머리장식이다. 황금으로 만들어진 봉황이 머리에 있다. 그리고 꽃모양의 머리빗이 여인의 머리위에 있다. 살며시 흔들릴 때마다 금빛이 반짝이며 화려함을 더해준다. 다음 '춤추는 무의(舞衣)'구는 여인의 옷 장식을 묘사하고 있다. '舞衣'라는 말을 통해서 우리는 이 여인이 노래하고 춤추는 舞女임을 짐작 할 수 있다. 당나라때 무용은 '軟舞'와 '健舞'로 나누어졌다. 춤추는 자태가 부드럽고 우아하면서 시적인 이미지를 가진 것이 '연무'의 전형적인 모습이다. 여기서 '힘없이 바람에 쓸리고(無力風斂)'라고 한 것은 표표히 날리던 옷자락이 바람이 그치자 내려앉는 것이 마치 바람이 거두어들이는 것 같다고 묘사하고 있다. 여인이 입고 있는 무의의 가볍고 부드러운 모습이 잘 표현되고 있다. 그리고 다음 '옅은 미색으로 물들었네(藕絲秋色染)'은 舞衣의 단아한 색깔을 나타내고 있다. 작가는 여인의 장식과 옷의 묘사를 통해 여인을 형상화시키고 아울러 신비감을 자아내고 있다.

하편에서는 장식된 화려한 규방과 여인의 얼굴 화장을 묘사하고 있다. '비단장막(錦帳)'과 '수놓은 휘장(繡帷)' 등을 통해서 화려한 거처의 분위기를 나타내고 있다. 다음에는 '대나무 자리(簟)' 맺히는 이슬의 맑고 고운 모습을 통해서 청신한 아름다움을 전해준다. 끝의 두 구는 아름다운 여인의 얼굴장식의 세부 묘사이다. 당송시대에 여인들을 꽃모양의 연지(花靨)를 이마나 귓가에 그려 아름다운 모습을 돋보이게 하려 했다. 이 여인도 희고 노란 연지로 치장하고 눈썹을 그리고 있는 것이다. 그렇다면 이 여인이 이렇듯 세심하게 화장하고 꾸미는 이유는 마음속에 어떤 기대를 바라고 있는 것일까? 이 사를 읽는 독자들은 쉽게 짐작할 수 있다. 이 사는 綺麗하고 華美하지만 감성이 결여된 온정균사의 전형적이 특징을 잘 갖추고 있는 작품으로 평가되고 있다.

# 酒泉子

花映柳條(1),
閒向綠萍池上。
憑欄干、窺細浪。
雨蕭蕭。

近來音信兩疏索(2),
洞房(3)空寂寞。
掩銀屏、垂翠箔(4)。
度春宵。

【국역】

꽃잎 버들가지에 어릴 때
한가로이 초록 연못으로 다가선다,
난간에 기대어
작은 파문을 보니
비가 보슬보슬.

근자들어 서로 소식도 없고
여인의 방엔 텅 빈 적막함,
가리운 은 병풍
드리운 비취빛 발

가버리는 봄 밤.

## 【주석】

1) 花映柳條: 꽃과 버들가지가 서로 꽃 그림자 드리우는 봄 경치를 말한다.
2) 疏索: 희소하다, 드물다
3) 洞房: 깊은 내실, 여기서는 여인이 기거하는 규방을 말한다.
4) 銀屛: 은실로 상감한 화려한 문양의 병풍.
5) 箔: 주렴, 여기서 '翠箔'란 비취빛이 나는 주렴을 의미한다.
6) 春宵: 아름다운 봄날 저녁,

## 【감상】

원래 <酒泉子>는 唐代 敎坊의 曲名이었는데 후에 詞調로 쓰였다. 이 사는 여인의 봄날 그리움을 적은 것이다. 상편에서는 여인이 보게 되는 봄날 풍경을 적고 있다. 첫 구에서 '꽃잎 버들가지에 어리어(花映柳條)' 라고 하는 것은 실로 아름다운 봄날 풍경이다. 꽃과 버들가지가 서로 비추인다는 것은 노랗고 빨간 꽃의 색깔과 파란 버들가지의 색깔들이 대조를 이루며 어우러져 그림 같은 밝은 분위기를 자아냄을 말한다. 다음 구절의 '한가로이 초록 연못으로 다가선다(閒向綠萍池上)'이라고 말하는 것은 봄날 풍경 속으로 들어서는 여인의 모습을 나타내고 있는데 '한가로이(閒)'라고 표현하는 말은 여인이 한가롭다 못해 적막한 모습을 나타낸다. 그러하기에 다음 구에서 아름답지만 적막하기 그지없는 여인의 심정을 대변이라도 하듯 '연못으로 작은 파물이 일고(細

浪)' 또 '비는 부슬부슬 내리는 것(雨蕭蕭)'이다. 이 상편에서는 연못가의 경물의 묘사를 통해 여인의 심경을 상징적으로 나타내고 있다. 그러나 하편에 가서는 여인의 마음을 구체적으로 표현하고 있다. 바로 근래 들어 '님 소식이 뜸한 것(近來音信兩疏索)'이 바로 여인의 마음을 더욱 쓸쓸하게 하고 규방을 텅 비게(空) 느끼고 적막하게 하는 원인 되는 것이다. 마지막 3구는 위의 '소식도 없고(疏索)', '적막함(寂寞)'과 이어져 가려진 병풍 속에서 홀로 봄밤을 지내는 여인의 고독한 모습을 적고 있다. 전체 사의 풍격은 여인의 끝없는 고독함과 적막함이 봄밤을 뒤덮고 있다.

## 其二

日映紗窗,
金鴨(1)小屏山碧。
故鄉春、烟靄隔(2)。
背蘭釭(3)。

宿妝(4)惆悵倚高閣,
千里雲影薄。
草初齊(5)、花又落。
燕雙雙。

【국역】

햇살은 비단 창가에 어리고
향로 연기에 작은 병풍 속 푸른 산,
고향의 봄은
연무에 가로막혀
등불을 등지네.

저녁 화장에 서글퍼 높은 누각에 기대니
천리 밖 구름은 그림자 엷고,
새싹은 파릇파릇 꽃은 떨어지고
제비는 쌍쌍으로 날고.

【주석】

1) 金鴨: 향로를 말한다. 옛날에 오리나 기린 모양 등으로 향로를 만들고 그 바깥을 금색으로 도금을 하고 가운데 향을 피웠다.
2) 烟靄: 구름과 안개, 여기서는 산과 강을 가르친다.
3) 蘭釭: 물가에서 자라는 澤蘭이란 난초과 식물의 기름을 짜서 등불을 붙인 것을 말한다. 《廣韻》에서 "釭, 燈"이라고 설명하고 있다.
4) 宿妝: 전날 했다 지우지 않은 남은 화장.
5) 草初齊: 풀들이 자라서 가지런한 모양.

【감상】

이 사는 봄날의 경치를 보고 일어나는 그리움의 감정을 적고 있다. 이른 새벽 집안과 밖의 경치는 자연스럽게 고향을 생각하게 하고 그리움을 불러일으킨다. 상편에서는 집안의 정경을 묘사하고 있다. '햇살은 비단 창가에 어리고(日映紗窗)'라고 한 것은 햇살이 창을 비추어 어두운 방안을 환하게 바꾸어가는 이른 아침 시간임을 알 수 있게 한다. 그렇게 밝아오는 햇살을 통해서 방안의 모습을 묘사하고 있다. 먼저 금빛 오리모양의 향로(金鴨)가 있다. 이는 독자로 하여금 자연스럽게 향로에서 피어나는 연기를 상상할 수 있게 하고 이렇게 끊임없이 피어오르는 향로 연기는 그 방에 머물고 있는 여인의 복잡한 생각들이 그와 같을 것임을 유추할 수 있게 한다. 또 하나 실내에 배치되어 있는 것은 작은 병풍이다. 푸른 산과 강물이 조각되거나 수놓아져 있는 병풍은 여기가 따스한 여인의 규방임을 알 수 있다. 또 다른 측면에서 보면 햇살이 창을 통해 들어오자 어둡던 방이 밝아지며 병풍 속의 산이 햇살을 받아 살아나는 것이다. 여인은 이 병풍 속의 풍경을 보고 자연스럽게 고향생각이 난다. 그러나 고향은 너무나 아득하다. 고향이 보이는 창밖을 향해 앉으니 자연스럽게 등불을 등지고 앉게 되는 것이다. 하편은 상편을 이어서 여인이 난간에 기대어 멀리를 조망하는 것을 묘사하고 있다. 간밤에 한 화장을 그대로 근심가득 누각에 올라 보는 것이다. 방에서 고향을 볼 수 없었기에 수심가득(惆悵) 누대에 올라 왔다. 올라와 멀리를 보니 고향은 보이지 않고 보이는 것은 멀리 엷은 구름만 아른아른하다. 가까이로는 봄의 깊어짐과 함께 풀빛은 더욱 짙어지고 꽃은 떨어지고 제비가 날아드는 풍경이 눈으로 들어온다. 작가는 끝에서 구체적인 주인공의 심정을 적고 있지 않지만 아련한 봄날의 物象들을 통해 함축적이고 더욱 긴 여운을 남기는 意境을 창출해 내고 있다.

## 其三

楚女(1)不歸,
樓枕小河春水。
月孤明、風又起。
杏花稀。

玉釵斜簪(2)雲鬟髻,
裙上金縷(3)鳳。
八行書(4)、千里夢。
雁南歸。

### 【국역】

초국의 여인은 돌아가지 못하고
누대 인접한 작은 시냇가 봄물에
달만 외로이 밝아
바람이 일고
살구꽃이 지네.

옥비녀 비스듬 머리에 꽂으니 쪽진 머리 구름 같고
치마에는 금수봉황
전하는 편지에
아득한 그곳 꿈꾸는데

기러기는 남으로 나네.

## 【주석】

1) 楚女: 초지방의 여인을 말하지만 여기서는 歌妓를 말한다.
2) 簪: 簪과 같은 비녀 장식.
3) 金縷: 금실, 당시 부녀자들의 치마에 수놓은 금박의 장식.
4) 八行書: 서신, 옛날 서신으로 쓰는 종이 한 장에 여덟 행이 있어서 유래된 말

## 【감상】

이 詞는 봄날 밤 가희(歌姬)의 적적함과 마음속에 님을 품고 있는 감정을 묘사하고 있다. 기본적인 분위기는 근심으로 슬퍼하여 처량하게 느껴진다. 상편은 '초국(楚國)의 여인이 돌아가지 못하는' 적적하고 고요함을 묘사하는데 치중하고 있다. 시작하는 첫 구(句)는 '돌아가지 못하는(不歸)' 사람이 초나라 가희라는 것을 명확하게 밝히고 있다. 고대 초나라에서는 미녀가 많았는데 시와 사 작품에 종종 초녀가 가희로 대체되는 이유는 이러하다. 춘추시대 때 초나라 영왕(靈王)은 허리가 가는 미녀를 좋아해서 많은 아름답고 요염한 명기들 중 허리가 가는 여인들을 뽑았으며 그들을 초관(楚館)이라고 불렀다. 그 이후에 초녀(楚女)와 초요(楚腰) 어휘들은 일반적 가희를 지칭하게 되었다. 표면적으로 그들의 삶은 매우 화려한 듯 했지만 사실은 그들은 많은 이들에게 유희의 대상이 되는 장난감 인형이었던 것이다. 이로 인해 온정균(溫庭

筠)의 詞에서는 가희들이 가지는 기본적인 감정을 '기쁨'이 아니라 '슬픔'으로 묘사하고 있다. 그리고 '달만 외로이 밝아(月孤明)' 부분에서는 쓸쓸하고 처량한 분위기를 나아낸다. 그리고 '살구꽃이 지네(杏花稀)' 부분은 가희들의 젊은 시절이 마치 살구꽃이 지는 것과 같이 지나가 버려 그들의 아름다웠던 시간 또한 돌아오지 않는 것을 나타내고 있다. 하편에서는 '초녀'가 님을 그리워하는 마음을 나타내고 있다. 이 작품은 비흥(比興)과 기탁(寄託)의 수법을 이용하여 실내외의 자연 풍경과 분위기를 묘사하고 있다. 동시에 여인의 모습과 복식을 통해 주인공의 쓸쓸함과 상실감을 드러내고 있다.

## 其四

羅帶(1)惹香(2),
猶繫別時紅豆(3)。
淚痕新、金縷舊。
斷離腸。

一雙嬌燕語雕梁(4),
還是去年時節。
綠陰濃、芳草歇(5)。
柳花狂。

## 【국역】

비단 허리끈 향기 일으켜
이별할 때 묶은 相思子 같네,
새로이 흐르는 눈물 자욱
오래지난 금박 옷자락
이별의 애간장을 끊네.

교태로운 제비 한쌍 화려한 처마서 지저귀고.
또 지난해 그 시절 되니,
녹음은 짙고
들풀은 시들할 때
버들가지 춤을 추네.

## 【주석】

1) 羅帶: 비단실로 짠 허리끈, 옛날에는 이것으로 동심결을 묶는데 쓰였기에 두 사람이 서로 사랑함을 나타낸다.
2) 惹香: 스며있는 향기가 발하다, 비단 허리끈에서 옛날 님과 맺은 동심결의 향기가 아직 남아 있다는 의미.
3) 紅豆: 일명 相思子라고 한다. 전설에 의하면 옛날 남편이 변방에서 전사하자 그 부인이 남편을 그리며 홍두나무 밑에서 울다가 죽었다고 해서 붙여진 이름으로 사랑하는 님에 대한 그리움의 상징이 되었다.
4) 雕梁: 화려하게 조각한 처마.
5) 歇: '쉬다'는 의미이다. 여기서는 시들해지다는 뜻.

## 【감상】

이 작품은 이별의 고통에 눈물 흘리며 애달파하는 여인이 봄을 맞이하면서 작년 그 때를 회상하는 내용이다. 상편의 첫 구와 둘째 구는 비단 끈이 은은한 향기를 내뿜으면서 당시 이별할 때 영원히 사랑을 변치말자고 맹세했던 홍두(紅豆)를 여전히 매고 있다는 뜻이다. 홍두는 상사자(相思子)라고도 하는 콩과 식물로 '그리움(相思)'을 상징한다. 셋째 넷째 구는 이별의 고통에 애끓는 여인의 처절한 모습으로, '새로이 흐르는 눈물 자욱, 오래된 금박 옷자락(淚痕新, 金縷舊)'의 선명한 대비를 통해 여인의 애처로운 고통을 잘 부각시켜 주고 있다.

하편은 봄날 바라본 밖의 풍경이다. 첫 구와 둘째 구에서는 봄이 되어 다시 찾아온 어여쁜 제비 한 쌍을 보면서 느끼는 외로운 자신의 처지를 반어적으로 나타내고 있다. 마지막 두 구는 자신과는 무관하게 지나가는 봄을 바라보며 밖의 풍경은 평화롭게 전개되고 있으나 자신의 마음은 미친 듯이 바람에 나부끼는 버들 솜과 같다는 것으로, '버들가지 미친 듯 춤추네(柳花狂)' 이 구절은 바로 여주인공의 '이별의 정(別離之情)'을 감정이입한 것이다.

이 詞는 앞 작품이 주인공의 감정을 그대로 서술하듯 표현하고 있는데 비해 '버들 솜'에 여인의 감정을 이입하여 표현하고 있다는 점에서 보다 뛰어난 문학적 수준에 다다른 것으로 보인다. 온정균은 이러한 감정이입적 표현수법을 통해 정감과 주제를 더욱 부각시켰고 과거와 현재간의 환경의 변화를 통해 새로운 의경을 창출하고 있다.

## 定西番

漢使(1)昔年離別。
攀弱柳(2)、折寒梅(3)。
上高臺(4)。

千里玉關(5)春雪,
雁來人不來。
羌笛(6)一聲愁絶、月徘徊。

### 【국역】

한나라 장건이 옛날 이별할 때
버들가지 쥐고 매화가지 꺾어
높은 누대에 올랐지.

천리 밖 옥문관엔 봄눈이 내리고
기러기는 오는데 사람은 오지 않네.
오랑캐 피리소리에 애간장 끊어지고,
달빛만 배회하네.

## 【주석】

1) 漢使: 漢나라때 서역을 개척한 張騫을 말한다.
2) 弱柳: 버드나무 가지가 아주 부드럽고 연약함에 弱柳라 했다. 당시 버드나무를 꺾는다는 것은 이별할 때의 풍속이다. 唐代 杜牧의 〈送別〉 이란 시에 '시냇가 수양버들은 빛깔도 알록알록, 버들가지 꺾어 해마다 이별할 때 전하네(溪邊楊柳色參差, 攀折年年贈別離)' 라는 구절이 있는데 당시에 이렇게 버드나무 가지를 꺾어 이별할 때 전하는 풍습이 있음을 알 수 있다.
3) 折寒梅: 매화를 꺾어 멀리 있는 사람에게 보내어 그 사람에 대한 그리움의 마음을 표시하였다. 《太平御覽》 권970에 기록된 《荊州記》 의 내용에 의하면 "陸凱와 范曄이 서로 친하여 육개가 강남에서 매화 한 가지를 붙이니, 장안에 이르러 범엽에게 전하였다. 아울러 범엽에게 보내는 시에서 이르길 '驛使를 만나 매화가지 꺾어 용두인에게 보내노니, 강남에는 별일 없어, 재미삼아 봄 가지 붙여 보낸다. (折花逢驛使, 寄與隴頭人。江南無所有, 聊贈一枝春。)"고 했다.
4) 上高台: 높은 누대에 올라 먼 곳을 바라보며 님이 돌아오기를 기원했다.
5) 玉關: '玉門關'을 말한다. 옛날에 서역으로 가려면 반드시 거쳐야 하는 곳으로 일반적으로 아주 먼 변방을 말한다.
6) 羌笛: 서역의 강족(羌族)이 불던 피리로 한대에 중국으로 전해졌다고 한다.

## 【감상】

이 詞 는 님과 이별하던 작년의 일을 회고 하면서 봄이 되어도 돌아오지 않는 님 때문에 더없이 근심스러워 하는 여인의 애절한 심정을 묘사하였다. '漢使'는 본래 한(漢)나라 때에 가장 먼저 서역으로 사신 나갔던 장건(張騫)을 일컫지만 여기서는 일반적으로 변경으로 떠나간 征夫를 가리키는 용어로서 사용되었다. '옥관(玉關)'은 옥문관으로 지금의 감숙성(甘肅省) 돈황(敦煌) 서북에 위치했던 당대 서역(西域)의 중요한 요새를 말한다. 따라서 작품 속의 옥문은 님 계신 변경 지역을 의미한다. 당시(唐詩) 가운데 적지 않은 閨情詩들도 멀리 수자리로 떠나가 있는 남편을 그리워하는 여인의 심정을 묘사하였는데, 온정균은 이러한 題材를 詞 속에서 운용하여 후세 詞家들에게 영향을 끼쳤다. 이에 대해 吳文聞은 "晩唐 詞家들이 邊塞聲情으로써 艶歌를 부른 것은 온정균에게 시작되었다. 그의 詞 가운데 <菩薩蠻>, <遐方怨>, <定西番> 등과 같은 詞調들은 모두 농염한 詞語를 사용해서 邊塞의 詞調를 채운 것이다"라고 평하였다. 吳文聞의 評처럼 온정균의 변새사에는 변새지역의 경치나 비장한 전쟁장면 등은 전혀 찾아볼 수 없으며 다만 脂粉 냄새가 짙은 여인의 고독감과 기다림이 형상화 되어 있다.

## 其二

海燕(1)欲飛調羽(2)。
萱草(3)綠、杏花紅。
隔簾櫳(4)。

雙鬢翠霞(5)金縷,
一枝春艶(6)濃。
樓上月明三五、瑣窗中。

【국역】

바다제비는 날을 듯 날개를 가다듬고
망우초는 푸르고 살구꽃은 붉은데
주렴과 창을 사이하고.

두 귀밑머리 비취장식 금술
한 떨기 짙은 봄 꽃가지.
누각에 오르니 달은 밝아 보름이라,
창을 무늬 놓네.

【주석】

1) 海燕: 바다제비, 몸이 작고 베트남 지방에서 날아와서 봄에 북쪽으로 날아감.
2) 調羽: 날개깃을 가다듬는 것을 말한다.
3) 萱草: 원추리 꽃을 말한다. 일명 근심을 잊게 하는 忘憂草라고도 한다.
4) 櫳: 창문의 창살을 말한다.
5) 翠霞: 옛날 부녀자들의 머리장식 가운데 花鈿, 釵簪, 金玉花枝등이

있는데 여기서는 이러한 화려한 머리장식이 비취옥이 반짝이듯 노을 빛이 비추듯 한다는 의미이다.

6) 春艶: 화려하고 선명한 봄꽃을 말한다. 여기서는 꽃으로 화려하게 화장을 한 여인을 비유적으로 표현하고 있다.

7) 三五: 음력 15일 보름달이 가장 밝을 때를 의미한다.

8) 瑣窗: 꽃문양으로 무늬 놓은 창을 말한다.

## 【감상】

이 詞는 봄날의 아름다움을 그린 한 폭의 그림 같은 작품이다. 상편은 봄의 아름다움을 묘사하였는데, 날개 짓을 하는 '바다제비(海燕)'라는 구절은 바다제비가 매년 봄 북쪽으로 날아오는 새라는 것으로 남쪽 나라에 봄이 이미 왔다는 것을 상징하고 있다. 봄이 왔다는 것을 일반적으로 꽃이 피고 새가 날아오는 것으로 판단하기 때문이다. 작자는 '바다제비 날을 듯 날개를 가다듬고(海燕欲飛調羽)' 라는 구절을 첫 구에 두어서 우선 독자들이 봄날의 아름다움을 느낄 수 있게 했다. '바다제비가 날을 듯 날개를 가다듬고'의 뜻은 찬란한 봄날에 미인의 마음이 설레어 몸치장을 하고 있다는 함의(含意)를 내포한다. '망우초는 푸르고 살구꽃은 붉다(萱草綠、杏花紅)'는 것은 푸르고 붉다는 두 가지 어휘가 대립되지만 잘 어울러져 선명한 대비를 이루고 이로써 강렬한 시각적 효과를 거두고 있다. 동시에 밝고 열정적인 분위기를 통해 마치 아름다운 봄 처녀가 우리들에게 웃음을 머금고 손을 흔드는 것 같은 효과를 주고 있다.

하편은 규방 속의 여인을 묘사하고 있다. '두 귀밑머리(雙鬢)'라는 구절은 여성의 아름다운 비취장식을 세부적으로 그려내고 있다. 아름다운 장식을 미인이 하면 그 아름다움이 자연히 더 두드러지게 된다. 또 아래 구절의 '한 떨기 짙은 봄 꽃가지(一枝春艷濃)'는 여인이 장식한 모습이 마치 봄날에 만개한 신선한 꽃과 같이 그렇게 선명하고 아름다움을 비유하고 있다. '누각(樓)'은 여인이 거주하는 곳의 거실이며, '창(窗)'은 아름답게 조각된 창문을 말한다. 이 모든 것은 여자가 거주하는 곳의 화려함을 나타내고 있다. 그리고 '달은 밝아 보름이라(月明三五)'고 한 것은 깊은 밤에 떠오른 달은 바로 여인의 마음이며 그 여인이 치장한 모양이 마치 한 떨기 짙은 봄 꽃가지 같음을 나타내는 것이다.

## 其三

細雨曉鶯春晚。
人似玉(1)、柳如眉。
正相思。

羅幕(2)翠簾(3)初捲(4),
鏡中花一枝(5)。
腸斷塞門(6)消息、雁(7)來稀。

### 【국역】

보슬비와 새벽 꾀꼬리 울음에 봄은 깊어가고

옥 같은 용모
버들잎 같은 눈썹
그리움에 잠기었네.

비단 장막 비취 발 처음 걷으니
거울 속 꽃가지 하나,
애끊는 변방소식
기러기 성글게 온다네.

## 【주석】

1) 人似玉: 고대 중국에서 아름다운 것들을 옥에 비유했다.
2) 羅幕: 얇은 비단으로 만든 장막으로 옛날 중국에서 규방이나 침실에 걸어서 먼지나 햇살이 들어오는 것을 막았다.
3) 翠簾: 비취빛 구슬로 만든 주렴을 말한다.
4) 初卷: 장막과 주렴을 처음 걷어 올린다는 것은 아름다운 여인이 막 일어났음을 말한다.
5) 花一枝: 꽃으로 여인을 비유했다. 즉 아름다운 여인이 꽃과 같음을 말한다.
6) 塞門: 변방, 변새의 관문
7) 雁 : 여기서는 두 가지 함의를 가진다. 말 그대로의 '기러기'라는 의미와 '雁書(편지)'라는 의미가 있다. 漢代 《漢書·蘇武傳》에 보면 蘇武가 漢武帝에게 기러기 다리에 편지를 묶어 보냈다는 내용이 나온다. 이후 詩에서 기러기가 종종 편지나 소식을 상징하게 되었다.

## 【감상】

이 詞는 변방으로부터 님의 소식이 드묾을 한스러워하는 여인의 모습을 묘사한 작품이다. 상편은 늦은 봄의 정경을 빌려 여인의 그리움을 드러내고 있다. 즉 새벽에 깨어난 미인이 相思의 그리움에 젖어 들어가는 모습을 서술한 부분이다. '옥(玉)'은 곱고 윤이 나고 광택이 있는 미석(美石)으로 이런 '옥(玉)'과 '류(柳)'를 통해 기다리는 여인의 심정이 드러냈으며, '雁來稀' 는 님의 소식이 뜸함을 가리킨다. '그리움에 잠기었다(正相思)'는 구절은 여인이 규방 안에서 생각에 잠긴 정취를 나타내고 있다. '비단 장막 비취 발(羅幕翠簾)'은 여인이 막 일어났음을 뜻하는데, 옛날에는 비단 장막과 비취 발이 여인의 방을 꾸미고 있었는데 이 장막과 발을 걷어야 규중의 여인을 볼 수 있었다. '거울 속 꽃 한 가지(鏡中花一枝)'는 아침에 일어나 거울을 통해 본 여인의 모습으로, 홀로 있는 여인의 고독한 모습을 상징적으로 표현하고 있다. 전체적으로 역시 여인의 고독한 심정을 형상화하는데 치중하고 있음을 알 수 있다. 마지마 구에 '기러기 더디게 온다네(雁來稀)'는  님으로부터 소식(雁書)이 없다는 의미를 가지고 있다.

## 楊柳枝

宜春苑(1)外最長條(2),
閒裊(3)春風伴舞腰。
正是玉人(4)腸絶處、
一渠春水赤欄橋(5)。

【국역】

봄날 정원 밖 긴 버들가지
하늘하늘 봄바람 춤추는 그녀 허리 같아,
바로 여인의 애간장 끊기는 곳
한 줄기 봄물은 적난교를 흐르네.

【주석】

1) 宜春苑: 궁궐 정원의 이름. 지금의 陝西省 長安縣 남쪽에 옛 유적지가 있다. 秦代에 宜春宮의 동쪽에 있었다. 漢代에는 宜春下苑이라 했다. 唐代에 와서는 曲江池로 수리하여 강물이 굽어 흐르는 모습이 풍경을 감상하기 좋은 곳이었다. 따라서 당대 시인의 시에 가끔 등장한다.
2) 長條: 가늘고 긴 버들가지.
3) 閑裊: 부드럽고 가늘고 긴 버드나무 가지가 바람을 맞아 춤추는 모양을 말한다. 白居易의 〈楊柳枝詞〉에 '枝裊輕風似舞腰(여린가지 가벼운 바람에 흔들리는 것이 춤추는 무희의 허리 같다)'는 구절이 있다.
4) 玉人: 아름다운 여인을 말한다. 元稹의 〈鶯鶯傳〉을 보면 '隔墻花影動, 疑是玉人來(담사이로 꽃 그림자 어리어, 혹여 님이 오신 것 아닌가 한다)' 하여 玉人이 아름다운 여인을 지칭함을 알 수 있다.
5) 赤欄橋: 長安城 近郊의 다리 이름이다. 杜佑의 《通典》에도 언급되고 있으며 顧況의 〈題葉道士山房〉에서도 '水邊垂柳赤欄橋(물가에 버들가지 드리운 적란교)'라는 구절이 나온다.

【감상】

이 작품은 宜春苑 밖으로 봄바람에 흔들거리는 버들가지를 보고서 지난 날 사랑하던 여인 생각에 애끊는 심정을 노래한 것이다. '宜春苑'은 秦宮의 동산 이름이며, 다음에 나오는 '最長條'는 버들가지를 가리킨다. 길게 늘어진 버들가지가 손에 닿을 듯 말듯 하지만 실제적으로는 그러지 못하고 있는 안타까운 상황을 표현하고 있다. 또한 두 번째 구에서 봄바람에 한들거리는 버들가지의 모습에서 춤추는 舞姬의 허리로의 聯想作用을 통하여 자기가 그리는 님의 모습에 대해 具體化하고 있다. 물론 관용적인 표현으로 여길 수 있을지라도, 세 번째 구에서 자신의 심회를 '腸絶'이라 하여 솔직하게 털어놓는 것과 견준다면 뛰어난 형상화로 보아야 할 것이다. 또한 세 번째 구에서 시작한 감정의 분출은 네 번째 구에서 무심한 봄물의 흐름과 맞물리면서 작중 주인공의 마음이 계속 하염없이 흘러가고 있음을 나타낸다. 실제상황에서는 버들가지로 인해 촉발되었던 작자의 情感이 버들가지를 통해 연인의 모습을 떠올리면서 보다 구체화되어 나타난 것이다. 봄날의 풍경과 주인공의 감정을 서로 연결시켜 봄의 이미지와 그리움의 감정을 모두 훌륭하게 형상화 시킨 佳作이라 할 있겠다.

## 其二

南內(1)牆東御路(2)傍,
須(3)知春色柳絲黃(4)。
杏花(5)未肯(6)無情思、
何事行人最斷腸。

## 【국역】

궁전 안 담장의 동녘 임금님 출차 길 옆에
봄빛에 버들가지 피어남을 알지니,
살구꽃 정 없다 못하리니
무슨 연고로 나그네 애간장을 끊는가.

## 【주석】

1) 南內: '內'는 황제가 거처하는 황궁을 말한다. '南內'는 唐玄宗 고택인 興慶宮을 말한다. 《舊唐書·玄宗記》에 따르면 '興慶宮은 東內의 남쪽에 있어서 南內라고 부른다'고 하고 있다. 白居易 〈長恨歌〉에도 보면 '西宮南內多秋草, 落葉滿階紅不掃(서궁과 남원에 가을 풀 우거지고, 낙엽이 섬돌을 덮어도 쓸어낼 사람 없네)'라는 구절이 나온다.
2) 御路: 임금의 거마가 다니는 길. '御'는 임금이 사용하는 물건이나 그와 관련된 것들을 말한다.
3) 須: 반드시, 마땅히. '須知'는 '마땅히 알아야 함'을 말한다.
4) 柳絲黃: 버드나무 가지에 새싹이 막 피어날 때 그 색깔이 옅은 노란빛이 돌기에 이렇게 표현한 것이다. 따라서 새봄이 막 도래했음을 말한다.
5) 杏花: 살구꽃은 多情을 상징하는 나무이다. 李漁의 《閑情偶記》를 보면 '살구나무를 심었는데 열매를 맺지 않아서 나무에 치마를 걸어 묶어 두었더니 열매가 주렁주렁 맺었다. 처음에는 사람들이 이를 믿지 않았지만 시험해보니 정말 그러했다. 그래서 나무의 성질이 호색한 것이 살구나무만 한 것이 없다고 하여 이를 風流樹라고 했다'는

이야기가 나온다.

6) 未肯: ~에 이르지 못하다, ~에 못 미치다.

## 【감상】

이 사는 버드나무를 노래한 것이지만 상징적인 내용이 함축되어 있다. '南內'라는 唐玄宗 고택을 통하여 황제와 궁녀간의 관계를 암시적으로 나타내고 있다. 궁내에 무수히 피어있는 버드나무는 궁궐 속에서 황제의 사랑을 기다리는 무수한 궁녀의 모습을 연상시킨다. '피어나는 버드나무 가지가 노랗다(柳絲黃)'라는 것은 봄이 시작되면서 피어나는 푸르고 연한 노란 빛깔의 봄 색깔을 말한다. 이는 버드나무의 푸른 색채와 어우러져 화려한 봄 빛 속에서 버드나무 색을 더욱 아리땁게 보여 감동을 준다. 또 다음 구절에서는 살구꽃의 분홍빛과 버드나무의 푸른 빛을 대비시켜 동양화 같은 색채의 아름다움을 표현해 내고 있다. 또 황제이 다정한 마음을 살구꽃이란 암시적 비유를 통해 有情함을 드러내고 있다. 결국 有情한 살구꽃과 기다리는 버드나무 가지의 모습은 더욱 애간장을 끊게 한다. 참신한 구성과 함축된 내면의 의미가 깊은 작품이라 하겠다.

## 其三

蘇小(1)門前柳萬條,
毿毿(2)金線(3)拂平橋(4)。

黃鶯不語東風起、
深閉朱門(5)伴舞腰(6)。

【국역】

명창 소소의 대문 앞엔 버들가지 만 줄기
축축 늘어진 버들가지 강다리를 스치네,
노란 꾀꼬리는 말없고 동풍만 일어
깊이 닫힌 붉은 대문 속 어우러져 춤추는 버들가지.

【주석】

1) 蘇小: 蘇小小를 말한다. 六朝시대 南齊의 유명한 歌妓였다. 지금의 절강성 항주인 錢塘에 살았다. 집 문앞에 버드나무가 많았다고 한다. 杜牧의 〈自宣城赴上京〉에 '蘇小門前柳拂頭(소소의 집 문앞 버들가지 머리를 스친다)'라는 구절이 있다.
2) 毿毿: 드리워진 버들가지가 어지러이 나부끼는 모습을 말한다.
3) 金線: 가늘고 긴 버들가지가 마치 금실과 같다고 묘사한 것이다.
4) 平橋: 아치형이 아닌 평평한 다리.
5) 朱門: 붉은 옻칠을 한 대문, 비유하여 부유한집.
6) 舞腰: 버드나무 가지가 흔들리는 것을 춤추는 여인의 가녀린 허리에 비유했다.

【감상】

이 작품은 어느 봄날 蘇小의 묘당 앞에 늘어진 버들가지를 노래한 것으로 名妓의 죽음을 애도하는 주인공의 심정이 無心한 景物과 어우러져 담담하게 표현되었다. '蘇小'는 蘇小小를 가리키는 것으로 錢塘의 名妓로서 南齊 때 사람이다. 중국 역대로 蘇小小의 이름은 사람들의 입에 회자되었는데, 젊어서부터 기방출입이 잦았던 溫庭筠으로서 그 옛날 유명하였던 蘇小의 묘당을 지날 때 감회가 절로 일어날 수밖에 없었을 것이다.

여기서 버드나무가 금색 실버들을 다리위에서 수 만 가닥 드리워 나부끼고 있는 정경은 화창한 봄날 모습이라고 할 수 있다. 하지만 작품 속의 분위기는 쓸쓸한 묘당과 어우러지면서 대조적인 효과를 낳는다. 또한 버들가지는 작품 속에서 무언가 쓸쓸한 슬픔을 안고서 문을 닫고 들어서있는 한 女人의 心事를 대변해주는 상징물이 된다. 버들가지 하나가 작품의 분위기를 좌우하는 중요한 매개체로 사용되고 있으며 동시에 주인공의 심리적 상황묘사의 수단으로 사용된 셈이다. 작가는 蘇小小라는 지나가버린 역사적 인물을 회고하며 짧은 세상사와 상관없이 무심히 반복되는 세월을 보는 감회를 드러내고 있다. 蘇小小는 없지만 또 다시 어김없이 찾아온 봄날과 버들가지는 蘇小小의 집 앞을 흔들고 있는 것이다. 끝의 두 구에서는 텅 빈 정원에 찾아온 봄 풍경을 통해 유한적인 인간사와 끝없이 반복되는 계절의 도래를 대비적으로 묘사해 쓸쓸한 봄날의 정취를 표현해 내고 있다.

## 其四

金縷(1)毿毿碧瓦(2)溝(3),
六宮(4)眉黛(5)惹香愁(6)。
晩來更帶龍池(7)雨、
半拂欄干半入樓。

### 【국역】

금실처럼 늘어진 버들가지와 푸른빛 처마
황궁 비빈의 아리따운 눈썹 아련한 근심을 일으키고,
저녁에 찾아온 궁궐의 비는
난간을 쓸고 또 누각으로 드네.

### 【주석】

1) 金縷: 금실, 여기서는 황금색의 버들가지를 비유적으로 표현한 것임.
2) 碧瓦: 청록색의 유약을 발라 구운 청기와.
3) 碧瓦溝: 여기서는 기와이랑 사이의 배수구, 즉 처마 밑에 빗물을 받아 아래로 내리는 처마받이를 말한다.
4) 六宮: 皇后妃嬪이 거처하는 곳.
5) 眉黛: 눈썹먹, 즉 눈썹 화장용품을 말한다. 白居易 〈長恨歌〉에도 보면 '回眸一笑百媚生, 六宮粉黛無顏色(눈웃음 한 번에 모든 애교가 나오니, 육궁에 단장한 모든 미녀들의 안색을 가렸다오.)'라는 말

이 나오는데 여기서는 아름다운 여인의 모습을 상징적으로 표현했다.

6) 香愁: 아름다운 여인의 근심. '香'은 '芳香', 즉 아름다운 여인의 자태를 香이라는 매개물을 통해 말했다.

7) 龍池: 연못이름. 唐玄宗의 고택인 興慶坊에 우물이 있었다. 수원이 풍부하여 우물물이 넘쳐흘러 연못을 이루었는데 그 우물가에는 항상 용의 기운이 서려있어 '龍池'라고 했다고 한다.

**【감상】**

이 작품은 궁 안에 있는 버드나무를 노래하면서 동시에 궁궐 생활의 원망과 한을 비유적으로 표현하고 있다. 구상이 정교하고 굉장히 함축적 의미를 지니고 있다.

즉 이 짧은 사는 사물을 빗대어 마음을 표현하고 있는데 사소한 것을 통해서 깊은 의미를 전달하고자 하였다. 예로 궁 안의 버드나무를 읊었지만 그 내면에는 궁녀들의 궁궐에서 맛보게 되는 원망과 근심을 적고 있어 당시 궁내에서 살아가는 궁녀들의 애환을 알 수 있다. 또 이것은 당시 사회의 모순을 지적하는 사회적인 의의도 있다 하겠다. 작품의 기교에 있어서도 작가는 눈앞의 선명한 景物을 묘사하고 있는데 이런 외부적 묘사를 통해 자연스럽게 내면의 심리묘사를 이끌어가고 있다. 동시에 외적 景物에서 내적 心思으로 넘어가고 다시 情은 物로 옮겨가 그로부터 物과 我가 융합된다. 즉 劉勰《文心彫龍・物色篇》에서 말하는 "物色이 다하니 情이 넘친다(物色盡而情有餘)"라고 한 예술의 경지에 이른 것이다.

## 其五

館娃宮(1)外鄴城(2)西,
遠映征帆(3)近拂堤(4)。
繫(5)得王孫歸意切、
不關芳草綠萋萋(6)。

【국역】

오나라 궁궐 밖 업성 서쪽
멀리 돛단배 아른아른하고 가까이 버들가지 한들한들,
왕손의 간절히 돌아가고픈 마음 묶어 두고
방초는 푸르름만 무성하네.

【주석】

1) 館娃宮: 春秋時代 吳나라 宮殿의 이름이다. 전하는 바에 의하면 吳王 夫差가 西施를 위해서 지었다고 한다. 지금의 江蘇省 蘇州市 靈巖山에 유적이 있다.
2) 鄴城: 三國時代 魏나라의 首都. 지금의 河北省 臨漳縣에 위치함. 조조가 이곳에 銅雀臺를 짓고 舞女들과 歌妓를 두었다 함. 館娃宮과 鄴城은 모두 고대에 미녀들과 관련된 곳으로 아울러 두 곳 모두 버드나무가 많았다.
3) 征帆: 멀리 항해하는 배.

4) 拂堤: 제방에 심겨진 버드나무가 바람에 나부끼는 모습을 말한다.
5) 繫: 묶다.
6) 繫得句: 《楚辭·招隱士》을 보면 '王孫游兮不歸, 春草生兮萋萋(왕손은 유랑하며 돌아갈 줄 모르고, 봄풀은 자라서 무성하네)'라는 구절을 인용하여 무성한 방초가 왕손의 돌아가고픈 마음을 없게 할 뿐만 아니라 버들가지가 왕손의 돌아가고픈 마음을 묶어둔다고 풀고 있다.

## 【감상】

이 작품은 돌아가야 할 곳을 떠나온 지 오래되었는데도 돌아가지 못하는 자기 자신의 심정을 읊고 있는 작품이다. 원래 '館娃宮'은 吳나라의 宮이며, '鄴城'은 三國時代 魏의 도읍이다. 따라서 3구에서의 '王孫'은 실제 왕가의 자손이 아니라 그냥 귀한 신분을 나타내는 것으로, 아마도 溫庭筠이 강남에서 유랑하는 자신을 왕손에다 비유한 것 같다.

여기에 버들가지의 이미지 또한 휘늘어지면서 왕손의 돌아가고픈 심정을 간절하게 해주는 역할을 담당하고 있다. 첫 두 구에서는 타향을 떠돌며 봄을 맞이하여 객지에서 보게 되는 봄의 풍경을 묘사하고 있다. 마지막 두 구에서는 봄의 경물을 빌어서 자신의 나그네 된 처연한 심사와 고향에 대한 그리움 그리고 돌아가기 힘듦을 역사적 典故와 景物을 빌어서 암시적으로 나타내고 있다. 봄날 고향에 대한 향수와 애틋한 그리움을 잘 담아내고 있는 작품이라 볼 수 있다.

## 其六

兩兩(1)黃鸝色似金,
裊枝(2)啼露(3)動芳音(4)。
春來幸自(5)長如線、
可惜牽纏蕩子(6)心。

### 【국역】

쌍쌍이 노란 꾀꼬리 금빛으로 옷 입힌 듯
연한 버들가지에서 지저귀는 소리에 이슬이 흔들리니,
봄은 본래 실버들 사이로 오는가!
안타까운 나그네의 마음만 뒤엉키네.

### 【주석】

1) 兩兩: 두 마리가 짝을 이룬 모습을 말한다.
2) 裊枝: 가늘고 부드러운 버들가지. '裊'는 하늘하늘하게 가늘고 긴 모양을 말한다.
3) 啼露: 버드나무 가지에서 꾀꼬리가 지저귀니 이슬이 흔들리는 모습이 지저귀는 것 같다고 의인화하여 표현한 것임.
4) 動芳音: 아름다운 소리를 자아내다, 즉 꾀꼬리가 푸르른 버들가지 사이로 더욱 예쁜 소리로 지저귄다는 의미다.
5) 幸自: 본래 ~로부터.

6) 蕩子: 오랫동안 바깥을 유랑하며 고향에 돌아가지 않는 사람.

## 【감상】

이 사는 봄의 애상과 함께 고향으로 돌아가고픈 나그네의 심정을 적고 있다. 첫 두 구는 노란 꾀꼬리가 버드나무가지 그늘에서 돌아가며 노래하는 맑고 싱그러운 봄 풍경을 전해주고 있다. 금빛 꾀꼬리와 푸른 버들가지가 색깔의 대조를 이루면서 봄의 정취를 더욱 분명하게 자아내고 있다. 이런 속에서 다시 꾀꼬리가 지저귀는 소리는 봄의 정취를 한껏 고취시킨다. 즉 싱그러운 봄날 버드나무 가지에서 노란 꾀꼬리가 지저귀는 모습을 통해 공감각적으로 봄의 완연한 정취를 만들어내고 있다. 특히 꾀꼬리가 나뭇가지 사이에서 지저귀는 소리가 마치 꽃같이 아름다운(芳) 소리(音)가 흔들려 나온다(動)고 하여 보이지 않는 소리가 마치 움직이는 꽃잎인양 묘사하고 있다. 이것이 바로 봄의 모습인 것이다. 따라서 작가는 봄이 버들가지 사이에서 온다고 말하고 있다. 그러나 나그네인 주인공은 이러한 봄이 즐거울 수만 없다. 오히려 너무나 찬란하게 빛나는 봄의 자태와는 반대로 멀리 나그네 되어 있는 자신은 더욱 서글픔만 더한다. 그러기에 늘어진 버드나무 가지를 '실타래 같이 길고 길다(長如線)'고 묘사하고 있으며 또 똑같이 자기의 가슴 속에는 고향을 그리는 복잡한 심정이 나그네의 마음을 '뒤엉켜 감고 있다(牽纏)'고 표현하고 있다. 먼 길 떠난 나그네가 객지에서 봄을 맞이하여 고향의 부인을 그리워하며 느끼는 思婦의 정이 베어나는 작품이다.

## 其七

御柳(1)如絲映九重(2),
鳳凰窗(3)映綉芙蓉(4)。
景陽樓(5)畔千條路、
一面新妝(6)待曉風。

【국역】

궁궐 버드나무 실처럼 구중심처에 어리고
봉황 창가로 수놓은 연꽃 주렴 비취네,
경양루 밖 천 갈래 길
새로이 단장한 여인 새벽바람에 기다리네.

【주석】

1) 御柳: 궁궐에 심겨진 버드나무.
2) 九重: 옛날 천자가 거처하는 곳에는 구중의 문이었다. 구중은 황궁을 말한다.
3) 鳳凰窗: 봉황도안이 조각된 화려한 창, 여기서는 后妃가 거처하는 궁전의 창.
4) 綉芙蓉: 창안의 장막에 수놓인 연꽃 봉우리 그림.
5) 景陽樓: 南朝의 궁전이름. 《南齊書》의 기록에 따르면 齊武帝는 궁내에 깊이 은거하였기에 궁궐 밖 남문에서 치는 북소리를 듣지를 못해 따로 궁궐 안에 景陽樓에 종을 설치하였다고 한다. 경양루는 鐘樓

로 궁녀들이 종소리를 들으면 일어나 치장을 하였다고 한다.

6) 新妝: 버드나무 가지의 청신한 모습이 아름다운 여인이 새롭게 화장한 모습과 같음을 비유했다. 혹은 궁녀의 아침화장 하는 모습으로 봐도 무방하다.

## 【감상】

이 사는 궁궐의 버드나무를 읊으면서 이를 통해 궁녀의 아름다움을 묘사하고 있다. 첫 번째 구에 먼저 '궁궐에 심겨진 버드나무(御柳)'를 묘사하고 있다. '실처럼(如絲)'은 버드나무 가지의 가볍고 부드럽게 드리워진 모습이 실과 같음 말한다. 비록 두 글자이지만 버드나무의 구체적이고 사실적인 모습을 잘 형상화 하고 있다. 동시에 버드나무의 가늘고 긴 가지를 매개로 뒤에 나오는 아름다운 여인의 가늘고 긴 허리를 암시적으로 드러내고 있다. 첫 구절에 이어서 두 번째 구절은 봉황으로 새겨진 창가와 연꽃을 수놓은 주렴의 모습을 통해 궁궐 속의 화려하고 아름다운 분위기를 전달하고 있다. 여기서 '봉황창(鳳凰窗)'과 '연꽃수(綉芙蓉)'는 모두 바깥의 싱그러운 버드나무 가지와 어우러져 더욱 아름다움을 자아내고 있는 것이다. 세 번째 구는 분위기를 바꾸어 다시 새로운 의미를 전달하고 있다. 경양루 밖에 끝없이 펼쳐지는 버드나무와 그 사이로 이어지는 천 갈래 길에서 흔들리는 버드나무가 새로 깨어나는 궁녀들과 겹쳐져 표현되고 있다. 마지막 구에서는 새로이 단장한 여인(一面新妝)과 천 갈래 길(千條路)이 서로 호응하여 표현되고 있다. 경양루의 종소리에 깨어나 화장을 하는 여인들의 모습과 봄바람에 아침 바람을 맞으며 싱그럽게 흔들리는 버드나무 가지가 모두 일색으로 청신한 모습을 보여주고 있다. 이 사는 마치 4언 절구의 唐詩를 읽는 듯 절제되고 세련한 묘사를 통해 봄날 궁궐과 궁녀들의 싱그럽고 참신한 이미지를 전달하고 있다.

## 其八

織錦機(1)邊鶯語頻(2),
停梭垂淚憶征人(3)。
塞門(4)三月猶蕭索(5)、
縱(6)有垂楊(7)未覺春。

## 【국역】

베틀 곁으로 꾀꼬리 소리 어지럽고
베틀 북 멈추고 떠난 님 생각에 눈물 주루룩,
변방 삼월은 스산하여
어지러이 버들가지 드리워도 봄을 잊은 듯.

## 【주석】

---

1) 織錦機: 여기서는 蘇蕙의 故事를 빌어 암시적으로 부인을 생각하는 마음을 표현했다. 《晉書·竇滔妻蘇氏傳》에 의하면 竇滔의 妻 蘇氏는 始平(지금의 陝西 興平)사람으로 이름은 蕙이고 字는 若蘭으로

文才가 뛰어났다. 남편인 滔는 혼란한 前秦시기에 공을 세워 秦州刺史가 되었지만 후에 간신의 모함으로 멀리 신강의 사막으로 귀향을 가게 된다. 소씨는 남편에 대한 변함없는 사랑의 맹서를 〈回文璇璣圖〉라는 비단수를 짜서 거기에 시를 수놓아 남편에게 주었는데 그 내용이 심히 처연했다고 한다.

2) 鶯語頻: 꾀꼬리들이 돌아가면서 노래 부르는 것.
3) 征人: 변방으로 출정 간 님.
4) 塞門: 변방의 관문을 말한다.
5) 蕭索: 쓸쓸하고 처량함.
6) 縱: 설사, 설혹.
7) 垂楊: 드리워진 버드나무를 말한다.

## 【감상】

이 사는 베를 짜는 여인이 종군길 떠난 님을 그리는 것을 쓴 작품으로 일종의 閨怨詞로 볼 수 있다. 첫 두 구는 여인의 형상을 묘사하고 있다. 베틀에서 노동하는 부녀자는 손에 베틀 북을 들고 베를 짜고 있는 것이다. 담담히 베를 짜는 여인의 모습을 통해 멀리 종군길로 님을 보낸 당시 여인들의 일상적인 생활상을 나타내고 있다. 그러나 베틀을 짜는 여인의 마음에는 항상 멀리서 고행하는 님에 대한 그리움이 지워지지 않는 것이다. 그래서 베를 짜다 말고 저절로 님 생각에 눈물이 주르르 흘러내린다. 이 속에서 작가는 남편을 사랑하는 애틋한 마음을 〈回文璇璣圖〉로 짜서 보내었던 소회의 典故를 인용하여 함축적으로 그리고 있다. 뒷 두 구에서는 다시 베를 짜는 여인이 생각하는 상상속의 변방의 정경을 묘사하고 있다. 즉 삼월의 변방은 여전히 스산하고 황량하기 그지없다. 변방 관문 곁에 비록 버드나무가 있다하여도 봄을 잊은 듯 아직 피지 못하고 있는 것이다. 이런 봄이 와도 봄을 맞이하지 못하는 변방의 님을 생각할 때 어찌 눈물이 나지 않을 수 있겠는가? 본 사는 봄을 맞이하는 부인과 봄을 맞이하지 못하는 변방의 남편을 近景과 遠景의 대비로 잘 묘사하고 있다. 또 베틀을 짜고 있는 실재 모습과 멀리 변방을 지키고 있는 남편을 상상하는 허구의 모습을 대비적으로 투영해 내어 여인의 님에 대한 그리움을 더욱 부각시키고 있어 독자로 하여금 여운과 상상의 여지를 남겨주는 佳作이라 할 수 있다.

## 南歌子

手裏金鸚鵡(1)、
胸前綉鳳凰(2)。
偷眼暗形相(3)。
不如從(4)嫁與(5)、
作鴛鴦(6)。

### 【국역】

손에는 금빛 앵무
가슴에는 수놓은 봉황
곁눈으로 몰래 훔쳐보지만,

그대에게 시집가
원앙이 됨만 못하리.

【주석】

1) **金鸚鵡**: 금빛 앵무, 여기서는 남자의 소매에 수놓은 도안을 말한다. 唐代에 채색 실을 이용해서 소매에 꽃이나 새를 자수하는 것이 유행했다. 또 다른 해석으로는 여인의 손에 금색 앵무를 자수한 수건이 들려 있는 것으로 보기도 한다. '金鸚鵡'가 수놓인 것은 뒷 구의 '綉鳳凰'과 짝을 이루고 있음을 보면 알 수 있다.
2) 綉鳳凰: 앞가슴에 봉황무늬를 수놓은 비단옷을 말한다.
3) 形相: 자세히 보다.
4) 從: 마음대로, 제멋대로.
5) 從嫁與: 그 사람에게 시집가다.
6) 作鴛鴦: 사이가 좋은 원앙 같은 부부가 됨을 말한다.

## 【감상】

〈南歌子〉라는 이 사의 詞調는 당대 교방 곡명에서 보인다. 첫 구는 세 가지로 해석될 수 있다. 첫째 金鸚鵡를 남자의 손에 애완용으로 놓인 살아있는 금빛 앵무새로 보는 견해다. 둘째로는 남자의 소매에 수놓은 금빛 앵무새로 보는 견해이다. 세 번째는 여자의 소매나 손에 들린 손수건에 수놓은 금빛 앵무로 보는 견해이다.  그러나 뒤에서 남자에게 시집간다는 내용을 볼 때 앞의 두 구는 남자의 화려하고 멋진 모습을 묘사한 것이라 봐야 옳다. 따라서 첫 구의 金鸚鵡는 남자의 옷소매에 수놓인 그림이다. 세 번째 구에서는 여인이 사랑하는 남자를 몰래 훔쳐보는 장면을 나타내고 있다. 즉 사랑하는 남자를 직접적으로 바로보지 못하고 몰래 훔쳐보지만 또 자신의 마음이 들키지나 않을까 겁내하고 부끄러워하는 복잡한 심리가 드러난다. 그러나 몇 차례를 몰래 바라본 후 님에 대한 사랑은 더욱 확고해지고 간절해진다. 그래서 마지막 구절에서는 더 이상 부끄러워하지 않고 대담하게 '그대에게 시집가서 원앙 같은 사이좋은 부부가 됨만 못하다'고 자신의 마음을 밝히고 있다. 온정균은 이 사를 통해 예교의 속박으로 쉽게 사랑하는 사람에게 감정을 표현하지 못하는 전통 봉건사회에서 사랑에 대해 진솔하고 순수한 또 그러면서도 자신의 마음을 들킬까 부끄러워하는 전통적 여인의 모습을 잘 부각시켜 나타내고 있다.

## 其二

似帶如絲(1)柳、
團酥(2)握雪(3)花。
簾卷玉鉤(4)斜。
九衢(5)塵欲暮、
逐香車(6)。

## 【국역】

버들가지 같은 허리
하얀 화장 눈꽃을 바른 듯,
비스듬히 주렴 옥구슬 거두고 보니
큰길가 먼지 속으로 날은 저물고
꽃마차는 지나가네.

## 【주석】

1) 似帶如絲: 버드나무 가지를 여인의 가는 허리에 비유한 것이다.
2) 團酥: 하얀 유지(乳脂)를 굳혀 놓은 것. 여기서는 희고 매끄러운 피부.
3) 握雪: 손으로 눈을 뭉친 것, 따라서 '團酥握雪花'는 '하얀 유지를 굳혀 놓고, 눈송이를 뭉쳐놓은 것 같은 꽃'이라는 뜻으로 아름다운 여인의 새하얀 피부를 표현한 것이다.
4) 玉鉤: 옥으로 만든 주렴을 걷어서 거는 갈고리.
5) 九衢: 사통팔달 넓은 길.
6) 香車: 향목으로 만든 마차. 앞의 '九衢' 이하 두 구는 규방의 여인이 주렴을 걷고 아침부터 해질녘까지 규각 앞의 지나가는 마차를 지켜보고 있지만 님은 돌아오지 않고 빈 마차가 먼지만 날리며 지나가는 것을 묘사하고 있다.

## 【감상】

이 사는 여인이 사랑하는 사람과의 이별 후 느끼는 기다림의 마음을 적고 있다. 깊은 서정성을 담아 읽는 이로 하여금 여운이 전달되게 하는 작품이다. 첫 두 구는 여인의 아름다운 자태와 용모를 적고 있다. 압축하여 말하자면 '버드가지 같은 허리와 꽃 같은 자태'이다. 즉 첫 구에서는 흔들리는 버드나무 가지를 통해 가늘고 하늘하늘한 여인의 허리를 나타내고 있다. 이는 중국 고전시가에서 일반적으로 보이는 비유적 묘사로 당시 사람들의 미학적 관점을 파악할 수 있다. 세 번째 구 이하의 내용들은 규방의 여인이 주렴을 걷고 멀리 지나가는 마차를 바라보는 모습을 적고 있다. 즉 깊고 깊은 정원 속에서 높이 주렴을 걷고 안에서 바깥으로 님을 응시하지만 님은 멀게만 느껴진다. 이러한 아득하고 멀리 있는 님에 대한 정서를 반영이나 하듯 다음 구에서는 넓은 길가로 먼지가 일고 해는 저물어 가는 풍경의 묘사를 통해 더욱 깊은 애상을 자아낸다. 짐작컨대 여인이 낮부터 해지는 저녁까지 님이 오는 모습을 보기위해 이 길을 응시하고 있었지만 보이는 것은 먼지를 일으키며 지나가는 꽃마차 뿐이고 결국 그녀가 기다리는 님의 돌아오는 모습은 보지 못하게 된 것이다. 실망한 눈으로 먼지를 일으키며 멀어져가는 꽃마차를 물끄러미 바라보고 있는 여인의 모습이 눈앞에 펼쳐지는 듯 생동감 있게 다가온다.

## 其三

倭墮(1)低梳髻(2)、

連娟(3)細掃眉(4)。
終日兩相思。
爲君憔悴(5)盡、
百花時(6)。

【국역】

비스듬히 길게 빗어 내린 머리
가늘게 그린 눈썹,
종일토록 님에 대한 그리움에
끝없이 초췌해져 가는데
때는 온갖 꽃 만발하네.

【주석】

1) **倭墮**: 당시 부녀자들이 머리를 빗어 한쪽으로 치우쳐 비스듬히 드리운 헤어스타일의 한 종류를 말한다. 즉 倭墮髻. 漢樂府 〈陌上桑〉에도 "頭上倭墮髻, 耳中明月珠" 라는 구절이 나온다.
2) **髻**: 머리쪽, 상투.
3) **連娟**: 길고 가늘게 굽어진 눈썹, 고대 부녀자들은 눈썹을 그리는 화장법이 발달하여 그 스타일이 다양했으며 朝代에 따라 달랐다. 唐代 開元, 天寶年間에는 옅고 가늘게 눈썹을 그리는 경향이 있었다.
4) **掃眉**: 눈썹을 그리다.
5) **憔悴**: 마음속의 우수, 근심.

6) 百花時: 온갖 꽃들이 만발하게 피는 봄

## 【감상】

여인의 그리움에 대해 쓴 작품으로 그 서정적 특징이 명쾌한 것이 民歌와 비슷하다. '쪽진 머리(倭墮)'는 이 여인의 검은 머리가 비스듬히 한쪽으로 드리워진 모습을 말한다. 작가는 심혈을 기울여 '머리쪽(髻)'과 '가늘고 긴 눈썹(連娟)'을 묘사함으로써 여인의 아름다운 용모를 보여주고 있다. '종일토록(終日)'은 주인공의 심정을 솔직하게 드러내고 있다. '종일토록 임에 대한 그리움(終日兩相思)'은 여인의 그리움의 마음을 직접적으로 나타내고 있다. 세상에서 가장 슬픈 것은 사랑하는 사람과의 이별일 것이다. 이 詞 속의 여인은 마음 아픈 그리움으로 인해 괴로워하고 있는데, 그녀가 얼마나 수많은 나날을 이런 마음을 안고 보냈는지 모른다. '종일토록'은 바로 이 여인의 그리워하는 진실한 감정을 보여주는 것이며, '끝없이 초췌해져 가는(憔悴盡)' 여인의 사무치도고 변함없는 애정의 마음을 드러내고 있다. 여인은 사랑에 대한 변함없는 절개를 가지고 있다. 비록 그녀가 그 사랑하는 님 때문에 근심이 극에 달해 있긴 하지만 여인은 여전히 그리워하고 사랑하며 멈추려 하지 않는다. 이러한 사랑에 대한 진실한 태도는 존중할 만하다. 마지막 구절의 '때는 온갖 꽃 만발하네(百花時)'는 여인의 그리움이 꽃들이 만발한 봄날임을 보여준다. 봄은 세상만물 모든 생명이 깨어나고 약동하는 가장 아름다운 계절이다. 이 때 다정한 여인의 마음은 그런 봄의 기운에 더욱 쉽게 그리움의 마음을 품게 된다. 이와 함께 봄은 여인이 청춘의 절정에 이르렀음을 상징한다. 여인은 자신의 아름다운 청춘시절을 희생하며 멀리 떨어져 있는 님을 그리워한다. 여인의 사랑에 대한 고집과 진실함이 더할 수 없을 만큼 크게 느껴진다 하겠다.

### 其四

臉上金霞(1)細、
眉間翠鈿(2)深。
倚枕覆鴛衾(3)。
隔簾鶯百囀、
感君心(4)。

### 【국역】

노을 같은 섬세한 볼 화장
미간 사이 비취빛 장식 그윽하다.
베개에 기대어 원앙이불 덮으니
발을 사이하고 재잘거리는 앵무새에
님 생각 가득.

### 【주석】

---

1) 金霞: 唐代 화장법의 일종으로 볼에 화려한 문양들을 그려 넣었는데 여기서는 그 모양이 금빛 불타는 노을 같은 모양임을 말하는 것이다.

우리나라의 볼에 장식을 한 연지를 연상하면 쉽게 짐작이 간다. 이는 아래 구절의 곤지에 해당하는 花鈿과 짝을 이루고 있다.

2) 翠鈿: '鈿'은 '花鈿'을 말하는데 얇은 금속이나 채색종이로 각종 꽃이나 새, 오리 등의 형상물을 오려서 장식으로 미간 사이에 붙였다. 여기서는 비취빛 花鈿을 미간에 붙인 것을 말한다.

3) 鴛衾: 원앙 그림을 수놓은 이불.

4) 感君心: '感'은 '생각하다'는 의미이다. 즉 '님을 생각한다'는 말이다.

## 【감상】

한 편의 상사곡이다. 도입부의 '볼화장(金霞細)'이라는 말에서 짙은 화장을 한 여인을 짐작해 볼 수 있다. 정성껏 화장한 여인의 얼굴은 광택을 띠고, 미간의 비취빛 장식은 그윽하다. '얼굴(臉上)'과 '미간(眉間)', '금빛 노을(金霞)'과 '비취빛 장식(翠鈿)'은 서로 대를 이루어 여인의 형상을 매우 선명하게  묘사하고 있다. 또한 '섬세하다(細)'와 '그윽하다(深)'라는 표현은 '황금노을(金霞)'의 명려함과 '비취빛 장식(翠鈿)'의 화려한 빛깔을 정성스레 묘사하여 여인이 치장에 매우 마음 썼음을 보여준다. 아래 3구를 보면, 모두 그 相思의 심정을 표현하고 있다. '베게에 기대에 원앙이불 덮으니(倚枕覆鴛衾)'는 여인이 뜻을 이루지 못한 때의 행동이다. 매일같이 낭군이 돌아오길 기다리지만 그는 돌아오지 않으니 어찌 낙담하지 않을 수 있겠는가. 기약 없는 기다림은 여인을 지치게 하고, 그녀는 실망감을 안은 채 베개에 기대어 원앙이 수놓아진 이불을 망연히 뒤척인다. 그러나 베개에 기대 이불을 덮을 때, 여인은 또 다시 자극을 받게 된다. 바로 원앙 한 쌍이 수놓아진 이불이 그녀에게 남녀의 화목을 생각나게 한 것이다. 이 원앙 한 쌍은 현실과의 커다란 차이를 암시하고 있다. 베개는 그와 함께 했을 때의 그 베개이고, 이불 또한 그와 함께 했을 때의 그 이불이다. 지금 그 물건은 그대로이나 도리어 사람은 없으니 어찌 애통하지 않겠는가. 더욱이 이 때 '발을 사이하고 앵무새가 재잘거린다(隔簾鶯百囀)'라고 하였는데, 그 행복한 지저귐은 현실과는 상반되니 즐거움으로 슬픔을 더욱 극대화 시켰다 하겠다. 이러한 장치들로 여인은 점점 더 슬픔을 느끼게 되고 그 슬픔이 최고조에 다다랐을 때, 여인은 저도 모르게 탄식하게 된다. 마지막 구의 '님 생각 가득(感君心)'은 정성스레 화장을 하고 매일 같이 임을 그리워 하나 그는 오지 않으니 얼마나 가여운가.

이 사는 그저 단순하게 상징과 정경묘사를 통한 심리상태의 변화를 나타내고 있는 것이 아니라 '님을 그리워한다(感君心)'라는 심정을 직접적으로 말하고 있다. 이러한 수법은 더욱 隱微한 예술적 효과를 가져와 독자들이 깊이 생각할 수 있는 여지를 준다.

## 其五

撲蕊(1)添黃子、
呵(2)花滿(3)翠鬟(4)。
鴛枕(5)映屏山(6)。
月明三五夜(7)、
對芳顔。

## 【국역】

꽃가루로 분 바르고 이마에 노란 곤지 찍고
꽃으로 머리 가득 장식 하네,
원앙침구는 산수 병풍에 어리고.
깊은 밤 밝은 보름달만
그 아름다운 얼굴 마주했네.

## 【주석】

1) 撲蕊: 꽃술(花蕊)의 노란 꽃가루를 바른다는 의미이다. 옛날 사람들이 화장품을 만들어 쓸 때 자연에서 그 재료를 많이 취하였다. 특히 당대에는 '額黃'이라고 해서 노란색의 꽃가루를 이마에 바르는 곤지로 사용했다.
2) 呵: 입으로 불다.
3) 滿: 온 머리에 꽃을 꽂아 가득 채운다는 의미다.
4) 翠鬟: 짙은 머리를 표현한 것이다. 鬟은 둥근 고리 모양으로 머리를 꾸민 唐代 여인들 머리형태의 한 종류이다.
5) 鴛枕: 원앙을 수놓은 부부의 베개.
6) 屛山: 병풍.
7) 三五夜: 15일 보름날 저녁.

## 【감상】

한 여인의 고독과 외로움을 쓴 작품이다. '꽃술(蕊)'이라는 여성성이 두드러지는 화장방법을 이용하여 젊은 용모의 여인의 모습을 보여주고 있다. 이 작품은 여성의 치장에 대해 靜態的 모습의 묘사에 초점을 맞춘 온정균의 다른 <南歌子>와는 달리 '바르다(撲)', '찍다(添)', '불어내다(呵)', '가득 장식하다(滿)'와 같이 動態的으로 여인의 화장 행위나 과정을 묘사하고 있는 것이 특징이다. 이마에 노란 곤지를 찍고 신선한 꽃을 머리 가득 꽂은 여인이 얼마나 활기차고 예쁘며 청춘의 약동하는 풍모를 가지고 있을지 생각해 보라. 이 두 구에 많은 동사를 같이 쓴 것은 여주인공의 신분과 성격의 특징과 매우 잘 부합한다. 여기에서 우리는 온정균의 정교함을 볼 수 있다. '원앙침구(鴛枕)'라는 구절에서는 갑작스레 방향을 바꾸어 동태적인 인물이 아니라 경물 속 감정세계에 대해 쓰고 있다. '원앙침구 병풍 속 산에 어리고(鴛枕映屛山)'는 여인이 규방 안에서 고요히 혼자 누구와도 대화를 나누지 못하고 그저 원앙침구와 병풍 속 산을 벗으로 삼고 있음을 보여준다. '원앙침구(鴛枕)'의 아름다운 모습은 마치 사람을 그리워하는 여인의 마음을 넌지시 드러내고 있는 듯하다. '밝은 달(月明)'은 상징화의 수법으로 여인의 상사와 고독을 더욱 잘 나타내주고 있다. 보름날의 달이 둥근 밤은 가장 아름다운 달을 말한다. 밝은 달을 바라보는 것은 사람들이 가장 쉽게 멀리 있는 님을 생각할 수 있는 계기가 된다. 여인은 '밝은 달(月明)'과 마주하자 그리운 마음이 생기게 되고 님과 재회하여 서로 사랑하고 함께 즐거운 시간을 나눌 수 있길 기대하게 된다. 그러나 이러한 갈망은 이루어질 수 없는 것이고, 결국은 쓸쓸한 달그림자에서 님의 얼굴을 마주하게 된다. '아름다운 얼굴 마주 했네(對芳顔)'는 비록 짧지만 한 사람과 달이 상대되는 고정적 격식을 남겼고, 한 아름다운 여인의 사랑에 대한 열렬한 갈망과 그리움을 남겼다.

### 其六

轉盼(1)如波眼、
娉婷(2)似柳腰。
花裏暗相招(3)。
憶君腸欲斷、
恨春宵(4)。

### 【국역】

눈길을 돌리니 물결 같은 추파
아름다운 버들가지 같은 허리.
꽃 속에서 몰래 서로 한 언약.
그대를 생각하면 애간장 끊기고
한스런 봄날 저녁.

### 【주석】

---

1) 轉盼: 여인이 눈길을 돌리는 모습.
2) 娉婷: 유연하고 아름다운 모습

3) 招: 언약, 약속

4) 恨春宵: 님이 없는 허전한 봄날저녁 덧없이 근심만 늘어난다는 말.

## 【감상】

이 사는 여인의 어투를 빌려 남녀 간의 사랑과 相思之情을 쓴 것이다. 비록 어휘가 진부하고 평범하긴 하지만 짧은 글 안에 지금과 과거를 대비시키는 今昔對比의 수법을 사용하였고, 敍事와 敍情을 함께 나타낸 것 또한 남다른 색채를 띤다 하겠다.

'눈길을 돌리다(轉盼)'는 여인의 용모와 자태를, '물결 같은(如波)'은 여인의 민첩하게 주위를 둘러보는 눈길이 마치 물결같이 반짝반짝 빛남을, '버들가지 같다(似柳)'는 여인의 유연하고 아름다우며 가늘고 연약한 자태를 이야기하고 있다. 이러한 비유와 형용은 비록 신선한 느낌은 없지만 독자들이 활기차고 초롱초롱 빛나는 눈을 가진 아름다운 여인의 다정한 기색과 날씬하고 유연한 자태를 상상할 수 있게 한다. '꽃 속에서(花裏)'는 봄꽃이 만개한 계절과 장소를 통해 여인의 지난 시절의 추억을 회상하게 하는 것이다. 이 아름다운 계절, 아름다운 장소에서 '서로 몰래 한 언약(暗相招)'이 있었다. 둘이 한 언약은 바로 여인과 그 님 사이의 약속을 말한다. '몰래(暗)'라는 말에서는 그들이 서로 사랑할 때의 은밀함과 신비함을 엿볼 수 있는데, 이러한 마음속의 비밀스런 사랑은 영원히 잊기 어려운 것이다. '그대를 생각하면(憶君)'은 오늘날의 그리운 사랑을 말하는 것이며 '끊이는 애간장(腸欲斷)'은 여인과 님의 헤어짐의 아픔을 극적으로 묘사하고 있다. 헤어짐 이전에 '꽃 속에서 몰래 한 언약(花裏暗相招)'이 있기 때문에 오늘 날의 아픔이 더욱 큰 것이다. 지난날에는 '꽃 속(花裏)'이, 오늘날에는 '봄날 저녁(春宵)'이 여전히 있지만 사람의 마음은 확연히 다르며, 눈앞의 '봄날 저녁(春宵)'은 여인의 아픔을 더욱 절절하게 한다. 때문에 여인은 자신의 슬픔과 원망을 봄을 원망하는 것으로 풀어내려 한다.

### 其七

懶拂(1)鴛鴦枕(2)、
休縫(3)翡翠裙(4)。
羅帳罷爐熏。
近來心更切、
爲思君。

### 【국역】

나른히 원앙 침구를 놓아두고
비취치마 마름질 하지도 않네,
비단장막 향로연기 쐐는 것도 잊고
근래 마음이 더욱 절실함은
님 생각 때문.

## 【주석】

1) 拂: 여기서는 놓아두다, 방치하다는 뜻이다.
2) 鴛鴦枕: 원앙그림을 수놓은 베개, 여기서는 남녀가 서로 사랑하여 같이 함을 상징한다.
3) 休縫: 옷을 만드는 것을 그만두다. 손을 놓다.
4) 翡翠裙: 비취새를 수놓은 비단 치마

## 【감상】

여인이 님을 그리는 깊고 진지한 마음을 쓴 작품이다. 이 작품이 온정균의 다른 〈南歌子〉 작품과 다른 점은 여인의 용모에 대한 묘사가 아니라 객관적인 서사의 수법을 통해 '님을 그리는(思君)' 절실한 마음을 표현하고 있다는 것이다. '놓아두다(拂)'는 부부 화합의 상징인 '원앙침구(鴛鴦枕)'를 침대 위에 아무렇게나 내버려둔 것이며 규방 안의 여인은 일찍 일어나 깊은 생각에 잠겨 있다. '나른히 원앙 침구를 놓아두고(懶拂鴛鴦枕)'라는 이 전형적인 행위는 여인의 어수선한 생활을 보여줌으로써 그리움으로 인해 나태해진 여인의 내면세계를 표현하고 있으며, '마름질을 쉬다(休縫)' 역시 온 종일 님을 그리는 고달픔으로 인해 치마를 마름질 할 의지조차 잃은 모습을 나타내고 있다. 이 '비취치마(翡翠裙)'와 '원앙침구(鴛鴦枕)'는 아름다운 빛깔의 치마와 한 쌍의 원앙의 아름다운 형상을 통해 고독한 여인을 두드러지게 하고 있다. 이 여인은 여성이 공통적으로 가지고 있는 아름다움을 추구하는 마음은 잃을지언정 이미 과거가 돼버린 님을 잊지는 못하는 모습을 통해 여인의 사랑에 대한 고집스러움과 정절을 더욱 값지게 나타낸다. '비단장막 향로 연기 쐐는 것도 잊고(羅帳罷爐熏)' 역시 쓸쓸함을 더욱 두드러지게 하는 것으로 여인이 님과 헤어진 후, 생활의 활력을 잊고 밤낮으로 님을 그리는 심사를 보여준다. '근래(近來)'는 相思의 마음이 여전히 지속되고 있음을 나타내는데, 그렇다면 근래 그 相思의 마음은 어떠한가? 작가는 '더욱(更)'이라는 말을 사용함으로써 그 깊이가 더욱 깊어졌음을 말해주고 있다. '님 생각 때문(爲思君)'이라는 갑작스런 마무리로 끝나고 있는데 '생각(思)'이란 말은 생동감 있는 필치가 되어 전편을 살려내고 있다.

## 河瀆神

河上望叢祠(1),
廟前春雨來時。
楚山(2)無限鳥飛遲,
蘭棹(3)空傷別離。

何處杜鵑(4)啼不歇?
艶紅開盡如血。
蟬鬢美人愁絶(5),
百花芳草佳節(6)。

【국역】

강 위에서 빼곡한 나무숲 사이로 사당을 내려보니
묘당 앞으로 봄비가 내리는 시절,
楚나라 산들은 끝없어 새들도 더디 나는데
텅 빈 배는 이별의 아픔을 말하는 듯.

그 어딘들 두견의 울음 그치지 않을까?
선염한 두견화 피같이 붉게 폈고
고운 머릿결의 미인은 근심으로 애끊는데
때는 온갖 꽃 만발한 좋은 시절.

【주석】

1) 叢祠: 빽빽한 숲 속에 지은 사당.
2) 楚山: 어떤 특정한 산을 지칭하는 것이 아니라 장강 중하류 유역의 초나라 지역의 산들을 말한다.
3) 蘭棹: 송사에서 '木蘭舟'라고 많이 부르는데 배를 아름답게 부르는 애칭이다. 여기서 '蘭'은 '木蘭'을 '棹'는 배를 의미한다. 즉 아름다운 배(木蘭舟)를 의미한다.
4) 杜鵑: 두견을 다른 이름으로 '杜宇' 혹은 '子規'라고 부른다. 전설에 의하면 周나라때 蜀王인 杜宇는 望帝라고 불렀는데 왕위를 다른 사람에게 양위하였다가 다시 복위를 시도하였으나 성공하지 못했다. 죽고 나서 혼백이 두견새로 변해서 매년 봄이 되면 밤낮으로 슬프게 우는데 피를 쏟을 때까지 울었다. 그 피가 땅에 떨어져서 杜鵑花가

되었다고 한다.

5) 蟬鬢美人愁絶: 이 구절은 앞의 〈更漏子〉, 〈相見稀〉 의 '蟬鬢美人愁絶'라는 구절과 같다.

6) 百花芳草佳節: 온갖 꽃들이 만발하는 아름다운 계절.

## 【감상】

이 사는 풍경을 빌어 감정을 표현한 참신성이 돋보인다. 표현이 간결하면서도 정확하고, 비오는 봄날의 정경과 강남지방의 처량함을 잘 살렸다. 봄날의 풍경으로 이별의 고통을 부각시켜 더욱 완연하고 감동적이다. 첫 구는 제목처럼 사당을 읊은 구절이다. 화자가 배를 타고 강을 내려오면서 숲 사이로 사당을 바라보는데 봄비에 가려져 어렴풋하게 보이며 왠지 모르게 처량함이 밀려온다. 이 구절은 이미지가 선명하게 들어오지 않으며 상심에 젖은 듯 한 기분이 들게 한다. 두 번째 '楚山'구는 풍경을 빌어 감정을 풀어내고 있다. 끝없이 이어지는 초산 사이로 배를 타고 가보지만 끝이 없다. 날아다니는 새들도 빗물에 젖어 평소 때보다 더디게 난다. 빗속에 나는 새들의 더딤을 말하기도 하고 주인공 화자의 감정을 엿볼 수 있는 대목이기도 하다. 고향과 친척, 친구들을 떠난지 오래되어 날개 달린 새처럼 첩첩이 쌓인 산을 지나 고향으로 빨리 돌아가고 싶은 것이다. 하지만 날개가 있어도 비에 젖은 새들이 더디 나는 것이 마치 가고 싶어도 가지 못하는 주인공의 심정과 같다. 다음 구의 '蘭棹空傷別離'는 천천히 움직이는 배에서 강물이 가볍게 뱃전에 부딪혀 소리가 나는 것으로 원래 노를 계속 저으니 소리가 날 수 밖에 없다. 그러나 주인공의 마음은 마치 헤어짐 때문에 상심이 커

나오는 탄식과 눈물로 느껴진다. 감정 없는 사물도 이와 같은데 사람의 마음은 어떻겠는가! 상심하면 또 무슨 소용이겠는가! 배의 슬픔을 의인화하여 슬픈 느낌이 아주 강하게 느껴진다. 길이 너무 멀어 돌아갈 날이 언제일지 기대하기 어려운데 마음만 애타면 또 무슨 소용이 있겠는가! 이 구절에서 '空'자의 사용이 아주 적절하다. 감탄과 함께 어쩔 수 없음을 동시에 표현하고 있다. '空傷別離'는 슬퍼하는 것 자체가 헛되고 그렇게 해보았자 뾰족한 수나 대책이 없으며 허무하게 소리만 지르고 있다는 의미이다. 이별의 아픔과 고통을 담고 있다. 하편의 '何處'로 시작하는 두 구는 화자가 비가 내리는 가운데 앞으로 나아가기 힘든 작은 배에서 보고 들은 것을 표현한 것이다. 비구름으로 휘감긴 산속에서 두견새의 구슬픈 울음소리가 간혹 들리는데 마치 사람이 우는 것 같기도 하고 소리치는 것 같기도 하다. 산속에 두견새의 피울음소리가 두견화로 바뀌어 붉은 빛이 선명하고 온 산에 만발한 두견화가 산에 드문드문 흩뿌려진 붉은 피 같아 보인다. 두견새의 울음과 붉게 핀 두견화가 이별한 사람의 심금을 울리고 더욱 애수에 젖게 한다. '蟬鬢'로 시작하는 마지막 두 구절이 사랑하는 사람과 헤어지는 슬픔을 담았다고 가정한다면, 앞 구절은 눈부실 정도로 아름다우면서도 또 슬픈 색채를 띤다. 사랑하는 사람과 본디 같이 있어야 하건만 서로 멀리 떨어져 있어 아름다운 풍경도 함께 감상할 수 없고, 꽃이 만발할수록 이루 말할 수 없는 큰 고통이 따른다는 것이다. 훌륭하고 아름다운 풍경을 슬픈 감정으로 표현해 슬픔의 효과가 훨씬 두드지는 작품이다.

## 其二

孤廟對寒潮(1),
西陵(2)風雨蕭蕭(3)。
謝娘(4)惆悵倚蘭橈(5),
淚流玉箸(6)千條。

暮天愁聽思歸樂(7),
早梅香滿山郭(8)。
回首兩情蕭索(9),
離魂(10)何處飄泊。

【국역】

외로운 절 한 채 차가운 조수를 마주하고
西陵엔 비바람 뿌리는데,
아가씬 근심으로 배 난간에 기대니
옥구슬처럼 흐르는 눈물은 천 갈래.

해질 무렵 근심스레 두견새 노래 소리 듣고
아침녘 매화는 향기 온 산에 가득하네,
고개를 돌리니 두 사람 마음은 차가워 진 듯
멀리 유랑하는 나그네의 영혼 어디를 떠돌까?

## 【주석】

1) 寒潮: 차가운 강물.
2) 西陵: 長江三峽의 하나. 湖北省 宜昌의 서북쪽에 위치하고 있으며 瞿塘峽, 巫峽과 함께 장강삼협이라 부른다.
3) 風雨蕭蕭: 비바람이 거세게 몰아침. '蕭蕭'는 비바람이 거세고 맹렬한 모습.
4) 謝娘: 앞의 〈更漏子〉 〈柳絲長〉 사에서 언급되었다.
5) 蘭橈: 작은 배의 애칭, '橈'는 '노'를 말한다.
6) 玉箸: 옥으로 만든 젓가락, 옛날에는 '玉箸'가 종종 눈물을 상징했다.
7) 思歸樂: 두견새의 별칭. 속설에는 두견새의 울음소리가 '돌아가자(思歸樂)' 하는 소리와 같다고 해서 붙여진 이름이라 한다. 白居易의 〈和思歸樂>에 보면 "산속에 홀로 머무는 새, 밤늦도록 지지배배, 마치 돌아가자 말하는 것 같아, 지나가는 길손 눈물을 훔치며 듣네(山中獨棲鳥, 夜半聲嚶嚶. 似道思歸樂, 行人掩泣聽.)"라는 구절이 있다. 또 일설에는 〈思歸樂〉을 곡조명으로 보는 경우도 있다.
8) 山郭: 산촌.
9) 蕭索: 차가워지다, 쓸쓸해지다, 적막하다, 조용하다.
10) 離魂: 타향을 멀리 떠도는 나그네의 마음.

## 【감상】

이 사는 멀리 떠나가 있는 님을 그리는 여인의 마음을 그린 작품이다. 상편에서 첫째구와 둘째 구는 적막한 절(孤廟)을 빌어 고독한 여인의 마음을 묘사하고 있다. 외로운 절, 차가운 조수, 흩뿌리는 비바람이 처량하고 슬픈 분위기를 자아낸다. 작품의 주인공은 직접 모습을 내보이지 않지만 슬픔과 처량함이 사 전체에 우러난다. 셋째구와 넷째 구는 여인의 쓸쓸함과 상심, 아픔으로 가득 차 있다. 연인과의 만남을 기약할 수 없음에 애상은 극도에 다다르고 결국 참아왔던 눈물이 두 뺨을 타고 흘러내린다. 이별의 아픔을 감동적으로 그리고 있다.

하편에서는 상편에 이어 이별과 상심을 더욱 심도 있게 묘사하고 있다. 그리움이 깊어가는 해질 무렵에 또 산속의 두견새 소리가 들려오고 강바람을 타고 온 매화의 향기가 널리 퍼지니 상심은 더욱 커진다. 한 때 좋은 시절을 보냈지만 이별한 지 오래되어 서로 소식을 알길이 없다. 사랑도 식어 가는데 님은 어디를 떠돌고 있는 것일까? 외로운 여인의 상심이 커져만 간다.

이 사는 사람의 마음을 직접적으로 묘사하지 않고 사물을 빌어 마음을 표현하고 있다. 사를 읽는 사람이 마치 그 분위기에 들어가 주인공이 되는 듯한 착각을 일으켜 공감대를 이끈다. 운치가 넘치는 사이다.

## 其三

銅鼓(1)賽神(2)來,
滿庭幡蓋(3)徘徊。
水村(4)江浦(5)過風雷(6),
楚山如畫烟開。

離別櫓(7)聲空蕭索,
玉容(8)惆悵妝薄。

青麥(9)燕飛落落(10),
捲簾愁對珠閣(11)。

【국역】

징을 두드려 신을 부르고
정원 가득한 깃발과 양산 사이를 돈다,
어촌 강어귀를 천둥과 비처럼 지나니
초산은 그림처럼 안개를 펼쳤네.

이별의 노 젓는 소리 스산하고
옥 같은 얼굴 근심으로 화장은 옅어지고
푸르른 보리밭 제비는 분분히 날고
말아 올린 주렴 근심스레 고운 누각을 마주했네.

【주석】

1) **銅鼓**: 동으로 만든 북, 고대 중국의 남방에 소수민족들이 사용하던 악기. 일설에 의하면 밥을 짓는 동으로 만든 솥에서 발전한 것이라고 한다. 직경이 큰 것은 1미터가 넘는 것도 있으며 표면에 기하학적 형상과 사람이나 동물의 모습을 넣고 있다. 오늘날 僮族, 傣族, 布依族, 水族, 苗族, 瑤族등이 여전히 이러한 악기를 가지고 있다.
2) **賽神**: 제사상을 차리고 귀신을 응대하는 것, 옛날 풍습에 귀신 태어난 날에 儀仗과 銅鼓, 雜戲등을 갖추어서 귀신을 마중하러 묘당을 나가

서 영접했다고 한다. '賽' 는 '보답하다, 사례하다.'는 의미다.

3) 幡蓋: 부처나 귀신의 신위가 이동할 때 사용하는 기(旗)와 일산(日傘), 혹은 양산(陽繖)을 이른다.

4) 水村: 물가의 마을.

5) 江浦: 강어귀.

6) 風雷: 귀신을 맞이하는 거마의 움직임이 바람 같고 소리가 우레 같다는 뜻이다.

7) 櫓: 일반 배 젓는 '노'보다 큰 '노'를 말한다.

8) 玉容: 아름다운 여인의 용모.

9) 青麥: 푸르른 보리, 즉 늦은 봄을 말한다.

10) 落落: 여유롭고 자연스러운 모습.

11) 珠閣: 화려하고 아름다운 누각.

## 【감상】

이 사는 민간의 제사풍습과 남녀의 사랑, 이별을 그리고 있다. 상편에서는 강변 마을에 있는 사당 앞에서 시끌벅적한 분위기의 제사 지내는 모습을 묘사하고 있다. 첫째구의 '銅鼓'는 제사의 분위기를 대표한다. 제사의 주인공인 무당 말고 또 다른 무당이 귀신역할을 한다. 둘째 구는 신을 맞이하는 형상인데 곳곳에 신의 분장을 한 깃발이 펄럭거림을 비유했는데, 마치 신들의 나라에 온 듯하다. 셋째 구는 신을 맞이하는 배를 묘사하고 있다. 바람 같은 모습과 우레 같은 소리를 내며 어촌을 지난다는 표현으로 생동감이 넘친다. 넷째구는 신이 떠나는 장면이다. 신이 떠난 뒤 시끌벅적한 분위기가 조용해짐을 안개와 연무로 표현했는데 그 모습이 마치 아름다운 한 폭의 그림 같다는 뜻이다. 상편에는 구체적인 인물이 나타나지 않지만 마치 제사를 함께 하고 있는 느낌을 주고 하편에서는 이별을 당한 여인의 입장에서 서글픈 심경을 경물의 묘사를 통해 드러내고 있다. 자신의 차가운 처지와 경물의 차가운 묘사를 통해 간접적으로 여인의 마음을 나타내고 있는 것이다.

## 女冠子

含嬌含笑,
宿翠(1)殘紅窈窕(2),
鬢如蟬(3)。
寒玉簪(4)秋水、
輕紗(5)捲碧烟(6)。

雪胸(7)鸞鏡(8)裏、
琪樹(9)鳳樓(10)前。
寄語(11)青娥(12)伴、
早求仙。

### 【국역】

교태로움과 웃음을 머금은 모습

지난밤 남은 화장 그대로 아름답고
귀밑머리는 매미 날개 같네,
찬 玉簪은 가을 물 같고
가벼이 말아 올린 비단옷자락 푸른 안개 같아.

눈 같은 하얀 가슴 난새 거울 속으로 비추니
봉루와 기수로다.
여도사 어릴 적 단짝에게 전하는 말
빨리 도를 닦아 신선이 되라네.

**【주석】**

1) 宿翠: 하루 밤을 넘긴 눈 화장. 여기서 '翠'는 눈썹먹(青黛)을 말한다. 즉 옛날에는 쪽잎을 물과 석회 속에 넣어 침전시킨 다음 물위에 뜨는 쪽 성분의 물질을 말려 눈썹먹(青黛)으로 사용했다.
2) 窈窕: 용모나 행동거지가 아름다운 모습, 이 句는 女道士가 밤을 지내고 전날 한 화장이 지워져서 희미하지만 그 모습이 여전히 아름답다는 뜻이다.
3) 蟬: 매미의 날개, '鬢如蟬'은 귀밑머리를 얇게 빗은 모양이 매미의 날개와 같다고 묘사한 것이다.
4) 寒玉簪: 옥의 성질이 차가워서 '寒玉'이라 한 것이다.
5) 輕紗: 당송시대에 유행했던 여인의 장식으로 지금의 스카프나 목도리 같은 것이다. 얇은 비단망사로 만들어졌으며 꽃문양을 인쇄했다. 일반적으로 2미터정도 되었으며 어깨와 등을 감아서 팔까지 자연스

럽게 늘어뜨렸다. 따라서 걸을 때 팔의 움직임과 함께 자연스럽게 나부끼어 상당히 보기 좋았다. 唐代의 벽화나 그림을 보면 자주 나타난다.

6) 碧烟: 비단망사의 옅은 모습이 멀리서 볼 때 안개와 연무 같음을 이르는 말.

7) 雪胸: 하얀 가슴이 눈과 같음을 묘사함, 唐代 여인들이 꾸밀 때 가슴을 조금 내었다.

8) 鸞鏡: 화장거울

9) 琪樹: 신선 세계에 있는 玉樹, '琪'는 아름다운 옥을 말한다.

10) 鳳樓: 전하는 바에 따르면 춘추시대에 蕭史와 弄玉이 거주하던 곳을 '鳳樓'라 했는데 후에 두 사람이 신선이 되어 봉황을 따라 날아갔다고 한다. 여기서 '琪樹', '鳳樓'는 모두 女道士(女冠)가 거처하는 곳이 화려함을 지칭한다.

11) 寄語: 전하는 서신.

12) 青娥: 아름다운 소녀.

## 【감상】

이 사는 전체적으로 산뜻하고 맑은 느낌을 준다. 여도사의 아름다운 자태와 정서를 잘 묘사했으며 마음이 여유롭고 편안하다. 마치 이 사를 지은이가 여도사의 생활을 부러워하거나 여도사가 된 듯 한 느낌이 든다.

상편 첫째구과 두 번째 구에서는 아침나절 여도사의 아름다운 모습을 그리고 있다. 웃지만 입술을 떼지 않는 여도사의 우아한 자태와 부드러움이 느껴진다. 세 번째 구는 지난 화장기가 남은 모습이 이 정도로 눈부신데 새로이 화장한 모습은 얼마다 아름다울까 하는 연상 작용을 일으킨다. 아름다움을 직접 말하지 않고 한 발 뒤에서 묘사해 그 아름다움을 더욱 돋보이게 하고 있다.

하편 첫째 구는 雪胸는 백설 같은 하얀 피부를 강조하는 동시에 여도사의 고결한 품격을 얘기하는 듯하다. 셋째 구와 넷째 구는 옛 고향친구에게 여도사가 될 것은 빨리 결심하라고 다그친다. 전체적으로 여도사의 모습의 묘사에 치중하고 있으며 제일 끝구에 도를 닦아 선선이 될 것을 이야기 하는 것 이외에는 어떤 다른 함축적 의미는 담고 있지 않다.

## 其二

霞帔(1)雲髮,
鈿鏡(2)仙容(3)似雪,
畫愁眉(4)。
遮語回輕扇(5)、
含羞下綉帷。

玉樓(6)相望久、
花洞(7)恨來遲。
早晚乘鸞(8)去、
莫相遺(9)。

【국역】

노을빛 목도리 구름 같은 머리
거울 속 선녀 같은 용모 눈처럼 희고
눈썹을 그린다.
입을 가리려 돌린 가벼운 부채
수줍은 듯 내린 수놓은 휘장.

옥루를 오래도록 앙망하고
화동에선 늦게 옴을 원망하네,
곧 난새를 타고 가리니
서로 잊지 않으리.

【주석】

---

1) 霞帔: 고대 부녀자들의 복식의 한 형태로 얇은 비단으로 만들었으며 오늘날의 숄이나 스카프와 비슷했다. 그 스타일이 화려한 색채의 비단으로 목을 두르고 어깨와 가슴을 감았으며 끝에는 금이나 옥으로 매단 장식이 드리워졌다. 여기서는 색깔이 노을구름 같은 문양이 있어서 '霞帔'라고 했으며 道士들이 종종 이 목도리를 걸쳤기에 道士服이라고도 한다.
2) 鈿鏡: 금, 은, 옥, 조개 등의 귀중한 재료로 상감한 화장거울.
3) 仙容: 선녀같이 아름다운 용모.
4) 愁眉: 고대 여인들이 그리던 눈썹의 한 형태, 後漢때 應劭(응소)가 지은 ≪風俗通≫에서 '愁眉'는 가늘고 굽어진 모양'이라 설명하고

있다.

5) 輕扇: 비단부채.

6) 玉樓: 天帝와 신선들이 산다는 궁전.

7) 花洞: 도교에서 말하는 신선과 도사들이 거처하는 곳.

8) 乘鸞: 신선이 됨을 말한다. 前蜀(907~925)시대 杜光庭이 쓴 ≪集仙錄≫에 보면 '천사들이 내려올 때, 난새와 학이 수천 수만인데, 모든 신선들이 다모여, 높은 신선은 난새를 타고, 다음 신선은 기린을 타고, 그 다음 신선은 용을 탄다(天使降時, 鸞鶴千萬, 衆仙畢集, 高者乘鸞, 次乘麒麟, 次乘龍)'고 한다. 여기서는 난새를 타고 하늘로 올라가는 즉 신선이 됨을 말한다.

9) 相遺: 서로 잊다.

## 【감상】

여도사의 청담한 생활과 신선이 되고자 하는 환상을 그린 작품이다. 상편에서는 여도사의 이미지를 그리고 있다. 첫째구와 두 번째 구는 여도사의 의복과 용모를 묘사하고 있다. 다채로운 빛깔과 무늬의 도포를 입으니 그 찬란함이 '노을(霞帔)'같고, 하늘거림이 마치 '신선과 같다(仙容)'는 표현은 바로 눈앞에 신선이나 선녀를 보는듯한 느낌을 준다. 셋째 구는 여도사의 단아한 생활과 복잡 미묘한 심리가 나타난다. 넷째구와 다섯째 구는 여도사가 '몸을 돌려 부채로 가리고(回輕扇)' '휘장을 내린다(下綉帷)'는 표현에서 마음속의 비밀을 누가 알아차릴까봐 하는 동작으로 보인다. 자신의 마음을 스스로 달래고 있는 듯하다. 젊고 아름다운 미모인데 여도사가 되었기에 세상의 행복을 누리지 못하든가, 혹 누구로부터 받아들여지지 않는 자신을 달래고 있는지도 모르겠다.

하편에서는 신선을 동경하는 모습을 그렸다. 하편 첫 번째 '玉樓'로 시작하는 구절은 수도자가 되고자 하는 절박한 심정이, '오래도록 앙망하고(相望久)'는 수도자의 길이 얼마나 오래된 바램인지, '늦게 옴을 원망하네(恨來遲)'라고 말하는 것은 이러한 결심에 대해 이제 후회하지 않는다는 것을 말한다.

이 사는 인물의 동작과 언어를 통해 여도사의 정신세계를 구체적으로 형상화했으며 여도사의 내면의 모순을 잘 그려냈다.

## 玉蝴蝶

秋風凄切傷離,
行客(1)未歸時。
塞外(2)草先衰,
江南雁(3)到遲。

芙蓉凋嫩臉(4)、
楊柳墮新眉(5)。
搖落(6)使人悲,
斷腸誰得知。

## 【국역】

가을바람 처량하니 상심한 이별인 듯
나그네 돌아오지 않았을 때
변방 풀들은 먼저 시들고
강남 기러기는 더디 오네.

연꽃같이 곱던 얼굴 시들고
버들잎 새로 그린 눈썹위로 떨어져,
영락함이 슬프기 그지없는데
애간장이 끊김을 누가 알까?

## 【주석】

1) 行客: 집을 멀리 떠나온 나그네.
2) 塞外: 변새 너머를 말한다. 즉 당시 중국 북방 국경 밖의 지역.
3) 雁: 기러기, 여기서는 소식을 전하는 서신을 뜻하기도 한다.
4) 芙蓉句: 희고 부드러운 얼굴이 초췌해진 것이 마치 연꽃이 시든 것 같다는 의미다.
5) 楊柳句: 새로이 그리는 눈썹위로 버들잎이 떨어진다는 것으로 세월이 흘러감을 뜻한다.
6) 搖落: 잎이 우수수 떨어지다.

【감상】

이 詞는 가을 경치의 쓸쓸함을 표현함으로써 여인의 서글픈 심정을 드러낸 작품이다. 즉 가을을 배경으로 하여 변방으로 떠난 남편을 그리워하는 소외된 아내의 모습을 집중적으로 형상화 하고 있는 것이다. 처음 두 구에서는 처량한 가을바람으로 인해 興을 일으켰고, 뒤에는 님의 부재로 인한 괴로운 마음을 부각시키면서 내용을 도치시켜 강한 느낌을 주고 있다. '처량(凄切)'한 느낌은 바로 '상심한 이별(傷離)'로 인한 것으로 감정이입을 주관적으로 표현한 것이다. 세 번째와 네 번째 구는 님 계신 변방의 쓸쓸함을 상상하였다. '변경 바깥에는 풀들이 먼저 시들었을 텐데(塞外草先衰)'라는 구절에서 초목이 먼저 시드는 북쪽 변경은 바로 남편이 있는 곳을 말한다. '강남 기러기 더디오니(江南雁到遲)'라는 구절은 님의 소식을 기다리는 여인의 심정이 절실함을 드러낸다. 하편은 쓸쓸한 가을 나뭇잎들의 조락에서 여인이 초췌해져 가는 모습을 겹쳐서 표현하고 있다. 첫 번째 구절은 '저 연꽃처럼 나의 앳된 얼굴도 시들어 버렸다(芙蓉凋嫩臉)'는 의미이고 두 번째 구절 '버들잎이 새로 그린 눈썹위로 떨어진다(楊柳墮新眉)'에서의 '楊柳'는 지는 가을의 버들잎을 통해 여위어 가고 늙어가는 여인의 용모를 나타내고 있다. 마지막 구절 '애끓는 이 마음을 누가 알리(斷腸誰得知)'는 여인의 처절한 마음을 직접 서술함으로써 제일 첫 구절인 '가을바람이 처량하여 더욱 이별을 가슴 아프게 하네(秋風凄切傷離)'와 호응을 이루고 있다.

# 淸平樂

上陽(1)春晚,
宮女愁蛾淺(2)。
新歲淸平(3)思同輦(4),
爭奈(5)長安路遠。

鳳帳(6)鴛被(7)徒燻(8),
寂寞花(9)鎖千門。
競(10)把黃金買賦(11)、
爲妾將上(12)明君。

【국역】

上陽館에 늦은 봄
궁녀의 근심 섞인 옅은 눈썹,
태평성세 임금님과 같이 하기 바랐지만
어찌하랴 장안의 길 멀고 먼 것을.

봉황 장막 원앙 이불 부질없이 향에 쬐고
적막 속에 꽃 같은 여인 천겹 문 속에 잠겨,
황금을 팔아 賦를 사는 陳皇后처럼
임금님을 뵙기 원하네.

## 【주석】

1) 上陽: 上陽宮, 唐代 宮殿의 한 이름이다. 高宗때 洛陽에 지어졌다.
2) 愁蛾淺: 옅게 그린 눈썹을 말한다. '蛾'는 옛날 여자들의 눈썹을 蛾眉라고 했다 따라서 '愁蛾'는 '愁眉'와 같은 말이다. '愁眉'는 앞에서 언급했던 당시 여인들이 그리던 눈썹화장의 한 방식이다.
3) 淸平: 태평성세를 말한다.
4) 同輦: '輦'는 황제가 타는 마차이고 , '同輦'는 황제와 마차를 같이 탄다는 뜻으로 황제의 총애를 받는다는 비유적 의미이다.
5) 爭奈: '爭'은 '怎'과 같다. '爭奈'는 '어찌~하랴'는 뜻이다. 이 구는 비유적으로 황제와 소원함을 말한다.
6) 鳳帳: 봉황무늬를 수놓은 휘장.
7) 鴛被: 원앙을 수놓은 이불. 여기서 '鳳帳', '鴛被'는 모두 궁전의 화려한 침구를 말한다.
8) 徒熏: 부질없이 향을 쬐다. '徒'는 '부질없이, 헛되이'의 뜻이다. '燻'은 향을 태워서 옷이나 이불에 휴증시켜 향내가 베어들어 좋은 냄새가 나게 하는 것이다. 이 구에서는 이렇게 하여도 아무도 찾아주는 사람이 없다는 뜻이다.
9) 花: 여기서는 꽃같이 아름다운 궁녀를 꽃으로 비유적으로 표현한 것이다. 즉 수많은 아름다운 궁녀들이 上陽宮에 갇혀 있다는 의미다.
10) 競: 좇다.
11) 黃金買賦: 《文選》 司馬相如 〈長門賦〉 序에 보면 漢武帝의 부인인 陳皇后는 한때 한무제의 총애를 입었지만 질투가 너무 심하여 長門宮이라는 별궁에 쫓겨나고 쓸쓸한 나날을 보내게 된다. 그런데 蜀땅 成都에 司馬相如가 천하의 명문장가라는 소문을 듣고 황금 백근을

주어 자신의 처연한 심정을 노래한 〈長門賦〉를 짓게 하여 이를 한무제가 읽고 감동하여 진황후를 다시 생각하게 된다는 내용이 있는데 여기서 '買賦'라는 典故가 나왔다. 즉 여기서는 上陽宮의 궁녀들이 어떤 값을 치르더라도 황제의 총애를 받기를 바란다는 의미다.

12) 將上: 바치다, 올리다.

## 【감상】

이 작품은 임금의 총애를 다시 얻기 위해 몸부림치는 궁녀의 근심을 노래한 宮怨의 詞이다. 上篇에서 등장한 敍景은 '늦게 찾아온 상양궁의 봄'이다. 이를 두 번째 구와 관련지어 이해한다면, 사랑하는 님과 함께 봄을 지내지 못한 채, 시간이 더디게만 흘러가는 상황을 암시하고 있음을 알 수 있다. 물론 실제 봄이 왔건만, 봄을 함께 즐길 님의 부재로 인해 진정한 봄은 아직 안 오고 있다고 느꼈을 것이다. 어느 경우로 보든 님의 부재로 인해 시간이 더디게만 흘러간다고 느끼는 것에는 차이가 없다. 그런데 세 번째와 네 번째 구를 보면 태평성세라는 시대 상황와 님의 부재를 연결시켜 詞의 분위기를 이끌어가고 있음을 알 수 있다. 자신과 님과의 거리를 '어찌하랴 장안의 길 멀고 먼 것을(爭奈長安路遠)'이라고 하여 반어적인 표현으로 나타내고 있다. 여기에서 溫庭筠이 벼슬을 하고 싶은 심정을 여인의 심정에 기탁하였을 가능성도 짐작해 볼 수 있다. 작중에는 宮女가 절망적인 현재의 상황 속에서도 눈물만 흘리는 것이 아니다. 다시 황제의 총애를 얻기 위해 陳皇后가 司馬相如의 賦를 사서 漢武帝의 총애를 얻은 것처럼 자신도 賦를 사서 이 외로운 처지를 明君께 상소하겠다는 의지를 표명하고 있는데, 이는

溫庭筠이 불우한 현실적 조건 속에서도 벼슬에의 도전을 계속적으로 시도하고 있는 것과 연관되어 해석 될 수 있을 것이다. 그러나 그다지 희망적이지 않음을 下篇 첫 번째와 두 번째 구에서 보여주고 있다.

溫庭筠의 詞 〈淸平樂〉은 거의 여성이 아름답게 꾸미고 치장하는 모습을 적고 있다. 동시에 총애를 잃고 실망하고 원망하지만 애써 버티는 궁녀의 모습을 강조하고 있다. 궁녀들이 절망에 빠질 때도 여전히 한 가닥 희망을 붙잡고자 한다. 이것이 바로 총애를 잃은 궁녀의 독특한 심적 세계를 정확하게 형상화 하고 묘사한 것이다. 또한 고정화된 환경에서 나타나는 전형적인 성격을 묘사한 것이다.

이 詞는 질박하고 수수하며 소박한 언어를 사용하여 깊고도 진지하다. 이는 溫庭筠의 창조적인 정신세계를 잘 드러내 주고 있으며 동시에 그의 또 다른 분위기를 느낄 수 있게 해 주는 작품임을 알 수 있다.

## 其二

洛陽愁絶,
楊柳花(1)飄雪。
終日行人恣攀折(2),
橋下流水嗚咽。

上馬(3)爭勸離觴(4),
南浦(5)鶯聲斷腸。
愁殺(6)平原年少、
回首揮淚千行。

【국역】

낙양성 시름 속에
버들가지 눈처럼 날릴 때
멀리 떠나는 이 위해 종일토록 버들가지 꺾으니
다리 아래 흐르는 물도 흐느끼는 듯.

말에 올라 이별주를 권할 때
남포의 앵무소리 장을 끊는 듯
끝없는 근심의 평원 땅 젊은이
머리 돌리니 흐르는 눈물 천 갈래.

【주석】

1) 楊柳花: 봄날 버들가지에 피는 꽃인데 즉 버드나무 솜털을 말한다.
2) 恣攀折: 임의로 잡아 꺾다. 옛날에 이별을 할 때 버드나무 가지를 꺾어 주는 풍습이 있었다. 이는 버드나무(柳)의 발음과 만류함(留)의 발음이 같기에 좋아하는 사람이 떠나기를 만류하는 의미가 담겨있다.
3) 上馬: 말에 오르다. 옛날에 말은 중요한 교통수단이었다. 말에 오른다는 의미는 오늘날 차에 타다는 의미와 같다. 즉 곧 먼 여행길에 오른다는 의미다.
4) 離觴: 이별주, '觴'은 잔이다.
5) 南浦: 남쪽 강 포구, 주로 이별의 상징적 장소로 일컬어진다.
6) 愁殺: 근심이 깊음, '殺'은 지극히 깊음을 뜻한다.

【감상】

이 詞는 낙양에서 두 남녀가 이별하는 장면을 순차적으로 묘사한 작품이다. 먼저 여주인공이 님과의 이별 때문에 다리 밑으로 흘러가는 강물도 목메어 우는 것처럼 들리는 괴로운 심경을 전반부에서 묘사하였다. 우선 첫번째 두 구절 '낙양에서의 근심으로 혼이 끊길듯한데, 버들 솜은 흰 눈처럼 흩날리네(洛陽愁絶, 楊柳花飄雪)'는 정확한 시간과 장소를 말하고 있다. 즉 늦봄이라는 시간적 배경과 낙양이라는 공간적 배경을 말하고 있는 것이다. 낙양은 황하의 중류에 위치하고 있고 매년 버들 솜이 흩날릴 때가 대략 음력 3월 말 쯤으로 봄이 끝나갈 무렵이 된다. 이렇게 버들 솜이 눈처럼 흩날리는 때 떠나는 사람이 느끼기에 이별이 어찌 바람 따라 흩날리는 버들 솜과 같지 않겠는가? 무심한 버들 솜 흰 눈처럼 날리고 종일토록 지나가는 행인들은 서로 다투어 버들가지를 꺾어 이별하는 이에게 주는 장면은 더욱 이러한 이별의 수심을 가중시키고 있다. 그리하여 '근심으로 혼이 끊길듯한데(愁絶)'라는 구절은 슬픔의 정도를 절정에 이르게 한다. 또한 上篇 4구에서 강물에 자신의 감정을 이입시켜서 '다리 밑의 강물은 목메어 울며 흘러가네(橋下水流嗚咽)'라는 데서는 작중 주인공의 심적 상황이 극에 달했음을 드러내주고 있다고 하겠다.

下篇은 여인을 남겨두고 떠나가는 평원의 젊은이의 모습을 묘사하였다. '말 위에 올라 이별의 술잔을 다투어 권하는데(上馬爭勸離觴)'라는 구절은 먼 길을 떠나는 사람이 이별 길에 올랐을 때 친한 벗과 술잔을 주고받으며 이별의 정을 나누는 모습을 묘사하고 있다. 술잔을 주고받으며 이별의 정을 나누는 것을 옛 사람들은 '餞別' 혹은 '餞行'이라고 불렀다. 두 번째 구절 '남포의 꾀꼬리 소리가 애간장을 끊네(南浦鶯聲

斷腸)'는 떠나가는 이가 안장에 걸터앉아 말고삐를 잡고 점차 떠날 때, 보내는 이는 움직이지 않고 눈으로만 떠나는 이의 뒷모습을 좇는다. 따라서 술을 주고받는 분위기는 사라지고 주위는 점차 적막해져 오직 버드나무에서 지저귀는 꾀꼬리의 소리만 들리는 것이다. 세 번째 구절은 떠나는 이 또한 아쉬워 고개를 돌려 눈물을 떨구는 모습을 적고 있다.

이 작품은 객관적인 경물묘사를 통해 감정을 상징적으로 드러내는 溫庭筠 대부분의 작품들과는 달리 이별의 모습과 그 아픔을 절제된 감정 없이 여실히 드러내고 있다. 예로 '눈물을 흩뿌리네(揮淚)'나 '애간장을 끊네(斷腸)'등과 같은 詞語의 운용에서도 확인할 수 있다.

## 遐方怨

憑綉檻(1)、
解羅帷(2)。
未得君書、
腸斷瀟湘(3)春雁飛。
不知征馬幾時歸。
海棠花謝也、
雨霏霏。

## 【국역】

난간에 기대어
비단 장막을 걷어 본다,
님의 소식 받기 전에
소강과 상강에 봄 기러기 날아가니 애간장을 끊는데
원정 간 님은 언제 돌아올까?
해당화도 지고
비만 부슬부슬.

## 【주석】

1) **綉檻**: 화려하게 꾸며진 난간.
2) **羅帷**: 비단장막
3) **瀟湘**: 瀟水와 湘水를 말하는 것으로 모두 湖南省 湘江 유역이다.

## 【감상】

〈遐方怨〉은 원래 唐代의 교방곡(教坊曲)의 이름이었는데, 이후 詞調로 사용되었다. 여기에서 나오는 작품은 사랑에 빠진 여인이 멀리 원정 간 님을 그리워하는 것을 묘사하였다. 첫 번째와 두 번째 句인 '수놓은 난간에 기대어 비단 휘장 걷어내도(憑綉檻, 解羅幃)'는 규방에 있는 여인이 일어나 비단 휘장을 걷어내고 난간에 기대어 먼 곳을 바라보며 멀리 있는 님이 돌아오기를 간절히 바라는 모습을 묘사했다. 이는

〈夢江南〉의 '화장 끝내고 홀로 누각에 기대어 섰는데(梳洗罷, 獨倚望江樓)'와 비슷하다. 원래 이 구절은 의미대로 하자면 '비단휘장 걷어내고 수놓은 난간에 기대어(解羅幃, 憑綉檻)'가 되어야 하는데, 詞人은 역설법을 사용하여 이 두 구절의 순서를 뒤바꾸어 놓았다. 그럼으로써 애간장이 끊어지는 여인이 난간에 기대어 멀리 있는 님이 빨리 돌아오기를 바라는 모습을 시작부터 선명하게 나타내어 깊은 인상을 주고 있다. '님의 소식은 아직 없어라, 애간장 끊어지는 소강과 상강에 봄 기러기 나는데(未得君書, 斷腸瀟湘春雁飛)'라는 두 구절은 소강과 상강에서 기러기가 날아올라 여인의 그리움이 더욱 심화 되고 있다는 것을 쓰고 있다. 기러기는 철새이며 소식을 전하는 새이다. 북쪽에서 날아오기 때문에 님의 소식을 전해준다는 것이다. 하지만 주인공의 바람과는 달리 그저 기러기만 날아 올 뿐 님의 소식은 전하지 않는다. 이러한 감정과 경물은 사람을 더욱 상심하고 애간장이 끊어지게 만든다. 그리고 그 다음 구절에서 나오는 '征馬'는 원정 간 님을 비유하고 있는데, 즉 여인이 사모하는 사람이다. '님 태우고 떠난 말은 돌아올 줄을 모른다(不知征馬幾時歸)'라는 구절에서 님의 생과 사를 예측할 수 없음을 암시하고 있다. 그리고 '모른다(不知)'는 것은 '님의 소식은 아직 없어라(未得君書)'는 의미로 님을 기다린지 이미 오랜 시간이 지났음을 알 수 있다. 마지막 두 구절 '해당화는 지는데 비는 부슬부슬 내린다(海棠花謝也, 雨霏霏)'는 늦봄의 처량한 모습을 쓰고 있다. 즉 경관의 묘사로 끝을 맺고 있다. 해당화가 진다는 것은 이미 늦봄이라는 것이고 여기에다 비가 내리면서 처량한 분위기를 조성한다. 이 분위기는 그리움에 빠진 여인의 마음을 더욱 슬프고 침울하게 만든다. 시들어 떨어지는 해당화는 바로 아리따웠던 여인의 청춘이 소실되었음을 의미하고, 부슬부슬 내리는 비는 바로 뚝뚝 떨어져 내리는 여인의 보석 같은 눈물을 의미하고 있다. 바로 이렇게 여인의 슬프고 처량한 마음을 꽃이 지고 비가 내린다는 구체적인 모습으로 표현하여, 애간장이 끊어지는 여인의 마음을 함축적으로 잘 표현하고 있는 것이다.

## 其二

花半坼(1)、
雨初晴。
未捲珠簾(2)、
夢殘惆悵聞曉鶯。
宿妝眉淺粉山橫(3)。
約鬟(4)鸞鏡裏、
綉羅輕。

## 【국역】

꽃망울 터지고
봄비 맑게 개일 때,
아직 걷지 않은 주렴 장막 사이로
옅은 잠결에 서글픈 새벽 꾀꼬리 소리.
지난 저녁 화장한 엷은 눈썹 흐릿한 산 능선 같고
감아 올려 머리 꽂은 난새 비녀를 거울 속 비추고
수놓은 비단은 가볍네.

## 【주석】

1) 花半坼: 꽃망울이 막 터지려고 하는 순간, '坼'는 '갈라지다', '벌어지다', '터지다'는 뜻.
2) 未卷: 걷지 않은 주렴. 규방의 여인이 아직 깨어나지 않음을 암시한다.
3) 粉山橫: 옛날 여인들이 화장을 할 때 분(粉)을 얼굴에 바르고 먹(黛)으로 눈썹을 그렸다. 즉 먹(黛)으로 산모양으로 그린 눈썹이 흐려져서 하얀 분(粉)칠한 바탕이 드러나서 '粉山'이라 한 것이다.
4) 約鬟: 옛날 고리모양으로 감아올린 머리를 '鬟'이라 했다. 아직 결혼하지 않은 소녀들이 이 머리형을 많이 했다. '約'은 '묶다'는 뜻으로 즉 고리모양으로 머리를 묶다는 뜻이다.

## 【감상】

이 詞는 동틀 무렵 소녀의 아리따운 모습을 묘사하였다. 첫 번째 구에서는 '꽃망울은 반쯤 터지고, 봄비 내린 후 날은 맑았네(花半折, 雨初晴)'라 하여 봄날 아침의 싱그러운 경치를 묘사했다. 꽃망울이 막 터질 때지만 아직 완전하게 피지 않은 모습은 생기발랄하고 신선한 봄날의 분위기를 함축하고 있다. 다음으로 봄비가 내린 이후에 아름다운 햇빛이 부드럽게 온 대지를 비추면 온 만물은 생기가 넘쳐흐르게 된다. 이것은 바로 소녀가 살고 있는 곳의 아름다운 외부 환경을 묘사한 것이다. 그리고 꽃망울이라는 것을 보아 이 소녀는 십대의 어린 소녀를 비유하고 있음을 알 수 있다. 그 다음 구절 '주렴은 아직 걷히지 않고(未卷珠簾)'는 아리따운 여인이 아직 잠에서 깨지 않았음을 비유하고 있다. '주렴(簾)'이라는 글자는 여인이 있는 곳이 적막하고 고요하다는 것을 잘 나타내 주고 있다. 그리고 여인은 '새벽 꾀꼬리 소리에 깨어 잔몽을 아쉬워(夢殘惆悵聞曉鶯)'하고 있다. 소녀는 새벽에 우는 꾀꼬리 소리에 놀라서 잠이 깬 것이다. 소녀들은 일반적으로 심리적으로 미묘하게 변화가 일어나는데, 이런 변화들은 현실을 잘 파악하지 못하고 환상에 젖어들게 만든다. 그래서 잠에서 깨어날 때쯤 소녀는 꿈에서 깨기 싫고 계속해서 잠을 청하고 싶어 한다. 하지만 이때 일찍 깨어난 꾀꼬리는 이 소녀의 복잡한 심경을 이해하지 못하고 지저귄다. 이로 인해 희미하게나마 남아 있던 꿈은 순식간에 사라지고, 소녀는 다시 꿈을 계속 꾸지 못하게 되기에 공허해 한다. 그리고 '자고 일어난 눈썹은 빛이 바래어 옅어지고(宿妝眉淺粉山橫)'에서는 꿈을 깬 소녀의 모습을 묘사하고 있다. 소녀는 실망스럽고 즐겁지가 않기 때문에 다시 화장을 하지 않고 있다. 지난밤 화장한 모습은 이미 빛이 바래져 있는데 눈썹먹은 희미하게 지워져 잘 보이지가 않고, 백색의 분은 거의 지워져 있다. 하지만 소녀는 무덤덤하게 여전히 지난밤 꿈을 쫒는다. 그리고 마지막 구 '거울 속의 쪽진 머리, 수놓은 비단 옷 가벼이(約鬟鸞鏡里, 綉羅輕)'에서는 분위기가 완전히 바뀐다. 소녀는 잠이 깬 후 잠시 생각하곤 자신이 어떤 꿈을 꾸었는지 생각나지 않자 그냥 잊어버리기로 한다. 그리고는 창문 밖에서 들리는 꾀꼬리 소리를 듣고 비 내린 후의 아름다운 경치를 보고자 즐겁게 단장을 한다. 거울을 보며 머리를 손보고, 수놓아진 비단 옷을 입고 거울을 비춰 본다. 그렇게 아름답게 꾸민 소녀는 비 내린 후의 맑은 하늘처럼 매우 즐거워지는 것이다.

## 訴衷情

鶯語,花舞。
春晝午(1)。雨霏微。
金帶枕(2)。宮錦(3)。鳳凰帷(4)。
柳弱(5)蝶交飛。依依。
遼陽(6)音信稀。夢中歸。

### 【국역】

꾀꼬리 소리에
꽃들은 춤추고,
봄날의 정오
비는 부슬부슬,
금테 베개, 궁전 비단, 봉황 장막.
가녀린 버들 사이로 나비 어울려 날며
서로 하늘하늘.
요양의 소식은 뜸하더니
꿈속에서 돌아오려나.

### 【주석】

---

1) 春晝午: 봄날 정오를 말한다. '午'는 십이간지 가운데 11시에서 13시

사이를 이르는 말이다. 午時는 해가 정중앙에 떠 있을 때를 이르는 말이다.

2) 雨霏微: 가는 비가 자욱이 내리는 모양.
3) 金帶枕: 금테를 두른 베개.
4) 宮錦: 궁정에서 사용하는 비단, 여기서는 베개에 사용하는 비단의 화려함을 말한다.
5) 鳳凰帷: 봉황수를 놓은 휘장 장막.
6) 柳弱: 연한 버드나무.
7) 遼陽: 지금의 요녕성 일대.

**【감상】**

〈訴衷情〉은 唐 玄宗 때의 교방곡(敎坊曲)의 곡명이었고 이후에 사조(詞調)로 사용되었다. '꾀꼬리 소리에, 꽃들은 춤추고, 봄날의 정오 비는 부슬부슬(鶯語, 花舞, 春晝午, 雨霏微)'이란 네 구절은 앵무새가 울고 꽃이 흔들리고 가랑비가 부슬부슬 내리는 봄날 정오의 모습을 묘사하고 있다. 앵무새는 매년 늦봄이 되면 짝을 이루어 우는 새이다. 첫 번째 구절인 '鶯語'는 《詩經》 첫 번째와 두 번째 구절 '구욱구욱 물수리는 강가 숲속에서 우는데(關關雎鳩, 在河之洲)'에 사용한 비흥(比興)수법과 같다. '花舞'는 바로 꽃이 바람에 흔들리는 것을 말한다고도 볼 수 있겠고 봄이 떠나가는 것에 대한 아쉬움과 상심을 표현한 것이라고도 할 수 있겠다. 그리고 '雨霏微'는 혼미하고 자욱한 경물을 통해 새로운 意境을 불러일으키고 있다. 가벼이 흩뿌려지는 비는 아련하고 미묘한 애수를 전하고 있는 것이다. 이어서 '금테 베개, 궁전 비단,

봉황 장막(金帶枕, 宮錦, 鳳凰帷)'이 세 구절은 앵무새가 울고 꽃이 흔들리고 비가 내리는 바깥 정경에서 시선이 실내의 침실의 모습을 묘사하는 것으로 옮겨졌음을 보여준다. '금테 베개, 궁전 비단(金帶枕, 宮錦)'는 화려한 베개를 말하고 있는데, 규방의 침상에 잘 만들어진 베개가 놓여 있다. 이 베개는 황실에서 사용되는 비단으로 만들어진 것으로 금실로 만든 끈과 어울린다. 이렇게 아름다운 베개를 보며 여인은 누군가를 생각한다. '봉황 장막(鳳凰帷)'은 침상 주위에 봉황이 수놓아져 있는 비단 휘장이 걸려 있는 것을 말하고 있다. 이것은 생명이 없는 장식품으로 겉으로 봤을 때는 여인이 거주하는 곳이 매우 부유하고 화려하다는 것을 알 수 있다. 그러나 심층적으로는 외물에 여인의 마음을 기탁한 것으로, 암수가 정답게 있는 봉황의 모습을 통해 고독하고 적막한 여인의 모습을 대비적으로 보여주고 있다. 그러므로 이 세 구절은 실제로는 헤어짐을 암시하고 있다. 그리고 뒤이은 두 구절은 여인의 마음을 보여주고 있는데, 헤어지기 싫은 여인의 마음을 보여준다. 그리고 마지막 두 구절에서 이 여인의 바람은 그저 꿈일 뿐, 현실적으로 일어나기 어려움을 보여준다. 그녀의 남편이 멀리 떠나 오랜 시간 동안 연락이 없었기 때문에 그녀는 그저 꿈속에서나 남편이 돌아오기를 바라는 것이다. 고독한 여인의 애수와 비통함을 잘 느낄 수 있다.

## 思帝鄉

花花、
滿枝紅似霞。

羅袖畫簾(1)腸斷、
卓(2)香車。
回面(3)共人(4)閒語(5)。
戰篦金鳳(6)斜。
惟有阮郎春盡、
不歸家。

【국역】

꽃들은
가지가지 노을처럼 붉어,
비단 소매의 주렴 속 여인 홀로 애간장이 끊기니
꽃수레는 멈추고.
얼굴을 돌려 벗들과 한담하니
머리에 꽂은 장식 봉황은 흔들흔들,
오직 원랑의 봄만 저무는지
님은 돌아올 줄 모르네.

【주석】

1) **畫簾:** 그림이 수놓인 주렴, 여기서는 꽃마차에 드리워진 주렴을 말한다.
2) 卓: 서다.
3) 回面: 고개를 돌리다, 얼굴을 돌리다.

4) 共人: 친구.

5) 閒語: 한담.

6) 戰篦金鳳: 봉황장식의 머리빗, '篦'은 빗의 형태이지만 머리장식용으로도 쓰였다.

7) 阮郞: 《太平御覽》卷41에서 劉義慶의 《幽明錄》을 인용해서 언급한 내용을 보면 "東漢시대 유신(劉晨)과 원조(阮肇)가 天台山에 약초를 캐러 들어갔는데 길을 잃고 헤매다 두 선녀를 만나 결혼을 했고 반년 뒤 유신와 원조가 고향으로 돌아왔는데 그곳은 이미 일곱 세대가 지나간 뒤였다"는 것이다. 여기서는 이 고사를 빗대어 멀리 떠나 돌아오지 않는 사람을 말한다.

## 【감상】

이 詞는 아름다운 여인이 봄을 즐기며 꽃을 구경하는 우아한 자태와 님을 그리워하는 모습을 묘사한 작품이다. 첫 번째와 두 번째 구절인 '꽃들이 저녁놀 같이 가득 붉다(花花, 滿枝紅似霞)'고 하여 봄날 꽃이 가득 핀 모습을 묘사하고 있다. '花花'는 글자를 중복하여, 봄날에 수많은 꽃들이 활짝 피어 생동감이 흘러넘침을 묘사하고 있다. '저녁놀 같이 가득 붉다(滿枝紅似霞)'는 것은 꽃가지에 가득 핀 꽃의 색채가 붉고 아름다워서 마치 하늘의 붉은 노을 같음을 묘사하고 있다. 이렇게 아름다운 봄날에 사람의 감흥도 봄같이 일어나게 된다. 세 번째와 네 번째 구절에서는 봄날의 아름다움을 통해 그리움의 감정을 나타내고 있다. '비단 소매의 주렴 속 여인 홀로 애간장이 끊기니, 화려한 수레 멈추고(羅袖畵簾腸斷, 卓香車)'는 아름다운 여인이 꽃을 보다가 멀리 있는 님을 생각하고 수레를 멈추게 한다. 아름다운 경치로 인해 슬픈 감정을 자아내는 '觸物生悲'의 수법을 쓴 것이다. 붉은 놀 같은 아름다운 꽃들은 님을 생각나게 했고 이로 인해 여인은 애달픈 것이다. 그로 인해 화려한 수레는 돌연히 멈추게 되고, 수레 안의 미인의 마음은 더욱더 무거워 진다. 뒤이은 '고개 돌려 벗과 한담을 나누니, 머리에 꽂은 장식 봉황은 흔들흔들(回面共人閒語, 戰篦金鳳斜)'은 여인이 자신의 마음을 숨기기 위해서 하는 행동들을 보여주고 있다. 좋은 봄날에 같이 나들이를 나온 벗들은 모두 즐겁지만, 이 여인은 봄날의 아름다움이 자신의 마음을 건드려 돌연 슬퍼지기 시작하였다. 현숙한 그녀는 계면쩍어 고개를 돌려 벗과 이야기를 나누면서 자신의 슬픔 속마음을 숨기고자 한다. 그러나 황급하였기에 무슨 말을 해야 될지 몰라 그저 입에서 나오는 대로 한담을 나누게 된다. 자신이 무슨 말을 하는지도 정확하게 모른 채로 말이다. 하지만 그 한담도 얼마 되지 않아 끊어지고 그녀는 침묵하게 된다. 이때 그저 금색 머리 장신구만이 가벼이 떨림으로써 그녀의 속마음이 여전히 평정을 되찾지 못하고 있음을 보여주고 있는 것이다. 마지막 두 구절 '유신(劉晨)과 원조(阮肇)는 봄이 다 가도록, 돌아오지 않누나(唯有阮郎春盡, 不歸家)'라고 하여 여인의 속마음을 좀 더 드러내고 있다. 유신(劉晨)과 완조(阮肇)라는 신선의 이야기를 빌려 멀리 간 사람이 돌아오지 않음을 나타내고 있다. 여인의 눈앞에는 아름다운 봄날의 경치가 펼쳐져 있지만, 이미 그녀는 재미를 느끼지 못하고, 오직 한 가지 생각뿐이다. 바로 봄이 다가도록 님이 돌아오지 않는 것이다. '唯'라는 글자로 인해 이 여인이 현재 신경 쓰고 있는 것이 오직 님이라는 것을 알 수 있다.

## 夢江南

千萬恨、
恨極在天涯(1)。
山月不知心裏事、
水風空落眼前花。
搖曳(2)碧雲斜。

### 【국역】

천 갈래 만 갈래의 恨
恨은 하늘가에 이른다.
산에 뜬 달은 내 속마음 모르는지
강바람에 부질없이 꽃잎만 지고
푸른 구름 흘러가니 더욱 서글퍼.

### 【주석】

1) 天涯: 하늘 끝, 비유하여 아주 먼 곳.
2) 搖曳: 나부끼다, 즉 바람에 구름이 나부끼는 모습을 표현한 것.

## 【감상】

이 詞는 七言絶句 보다 더 짧은 26字로 全篇이 '恨'이라는 이 한 글자에 압축되어 있다. 그러나 첫 句의 '천만 가지 한(千萬恨)'이 누가 무엇 때문에 품고 있는지, 어떤 恨인지 구체적인 설명은 없고 다만 이별의 恨이라는 것만 언급해 놓고 있을 뿐이다. '산 위의 달(山月)', '수면 위의 바람(水風)', '부질없이 꽃은 떨어짐(落眼前花)' 그리고 '나부끼는 구름搖曳碧雲斜)'들은 어떠한 恨인지 설명해 주고 있지 않다. 溫庭筠의 다른 詞도 그렇지만, 여기에서도 구체성을 떠나, 추상적이고도 순수한 감정의 세계를 그려내고 있다.

첫 구절 '千萬恨'은 이미 恨이 많이 맺혀 있음을 알 수 있다. 그리고 바로 이어지는 구절은 첫 구의 마지막 글자를 이어서 한이 이미 하늘 끝까지 다 달았음을 보여준다. '恨極'라는 두 글자는 비록 恨이 매우 뒤얽혀 있지만 한이 하늘 끝에 이르러 떠돌고 있음을 표현하고 있다. 주인공의 마음속에 맺혀 있는 이별의 恨이 조금도 숨겨지지 않고 그대로 드러나 있다. 이러한 강렬한 감정은 독자의 마음을 떨리게 한다. 그리고 '在天涯'라는 이 세 글자는 간단한 단어를 사용하여 가장 먼 곳이라는 개념을 드러내었다. 그리고 이어지는 세 구절은 물건으로 감정을 서술하였는데, 먼 거리를 여행하는 사람들이 가장 쉽게 볼 수 있는 산과 달, 물과 바람, 지는 꽃, 구름을 선택하여 이별의 정을 잘 드러내고 있다. "산 위의 달 내 마음 몰라주고, 물 위의 바람 부질없이 꽃을 떨군다(山月不知心里事, 水風空落眼前花)"는 하늘 끝까지 닿아 있는 怨恨을 적고 있다. 바람, 달, 물, 꽃은 원래 자연계의 것들이지만, 이 여인의 눈에는 그저 항상 마음을 아프게 만드는 매개체인 것이다. 그리고 마지막 구절 '나부끼는 구름(搖曳碧雲斜)'은 "산 위의 달 내 마음 몰라주고,

물 위의 바람 부질없이 꽃을 떨군다(山月不知心里事, 水風空落眼前花)"의 구절과 긴밀하게 연결되어있다. 이 사는 화자의 마음을 자연경물에 기탁하여, 저 멀리 해가 지는 곳의 구름은 끝없는 그리움과 슬픔자아내고 있음을 잘 표현하고 있다.

### 其二

梳洗罷、
獨倚望江樓。
過盡千帆皆不是、
斜暉(1)脈脈水悠悠。
腸斷白蘋洲(2)。

### 【국역】

깨끗이 머리를 씻어 빗고
홀로 강가 누각에 기대어 멀리를 본다.
지나간 천 척 돛단배 모두 아니고
해는 뉘엿뉘엿 물결은 출렁출렁
흰 부평초 우거진 섬 바라보니 이내 가슴 끊어지네.

## 【주석】

1) 斜暉: 해가 질 때의 황혼의 노을빛.
2) 白蘋洲: '蘋'은 부평초의 일종인 개구리밥풀이다. 꽃이 피면 하얀색으로 물가를 뒤덮기에 '白蘋'이라고 했다. '洲'는 강가의 모래톱을 말한다. 여기서는 남녀가 서로 이별하는 장소.

## 【감상】

이 詞는 사랑하는 님이 돌아오기를 기다리고 있는 한 근심에 잠긴 여인을 형상화한 작품으로 詞調의 원제목 〈夢江南〉은 〈憶江南〉의 다른 이름이다. "화장 끝내고, 홀로 망강루에 기대어 섰는데(梳洗罷, 獨倚望江樓)"라는 이 첫 두 구절은 난간에 기대어 그리운 임이 돌아오기를 애타게 바라는 모습을 그려내고 있다. 이 여인은 매번 새벽이 되면 화장을 마치고 홀로 망강루에 올라 강을 조망한다. 그리고 망강루에 기대어 마음에 둔 님이 돌아오기를 희망하고 있다. 화장을 끝냈다는 것은 바로 이 여인이 님이 돌아올지도 모른다는 희망을 가지고 있음을 잘 보여주고 있다. 그리고 '홀로 강가 누각에 기대어 멀리를 본다(獨倚望江樓)'는 것은 넋을 놓고 망강루에 기대어 님이 오기를 바라보고 있는 여인의 모습을 묘사하고 있다. 그녀의 '고독(獨)'과 '바라봄(望)'에 주의하면 이 여인의 간절함을 알 수 있다. 특히 '望'이라는 글자 속에 내포되어 있는 열망, 희망, 기대의 심리는 천천히 그러나 아주 깊숙이 여인의 감정을 지속적으로 이어가고 있다. 그러나 세 번째와 네 번째 구의 "수많은 돛배가 다 지나갔건만 모두 님 실은 배가 아니어라, 해는 뉘엿뉘엿 물결은 출렁출렁(過盡千帆皆不是, 斜暉脉脉水悠悠)"에서는 여인이 바라보고 있는 것을 적고 있다. 수많은 돛단배가 이미 지나가고 강 위에는 오직 석양만 공허하게 비추고 강물은 유유히 흘러가고 있는 것이다. '수많은 돛배가 다 지나갔건만(過盡千帆)'은 여인이 오랜 시간 동안 그 곳에 있었다는 것을 알 수 있다. 그리고 '모두 님 실은 배가 아니어라(皆不是)'는 그녀가 조망한 것은 그저 배 밖에 없었다는 것이다. 여기에서 여인이 실망하고 있다는 것을 알 수 있다. 그리고 '해는 뉘엿뉘엿 물결은 출렁출렁(斜暉脉脉水悠悠)'은 바로 저녁 석양이 은은하게 비추는 것이 마치 여인이 품은 마음도 그와 같다는 것이다. 강물이 유유히 흐르는 것 또한 여인의 그리움이 끊임없이 이어져 끊어지지 않음을 표현하고 있다. 그리고 '흰 부평초 우거진 섬 바라보니 이내 가슴 끊어지네(腸斷白蘋洲)'라는 구절로 끝을 맺고 있는데, 눈앞에 보이는 것은 그저 적막하게 흘러가는 강줄기 뿐이니 여인의 마음이 어찌 슬프지 않겠는가. 이 詞는 '望'이라는 한 글자로 전편의 중심 의미를 꿰뚫고 있다. '望'은 조망(眺望)하다는 뜻도 되며 또한 기대하다는 뜻(盼望)이 되기도 하며, 희망(希望)하다는 뜻이 되기도 하는 것이다.

이 작품은 '화장 끝내고(梳洗罷)', '다 지나갔건만(過盡)', '석양빛(斜暉)'은 시간의 빠른 이동을 나타내주는 동시에, 님을 애타게 기다리는 여인의 절실한 심정을 부각시켜 주고 있다. 아침부터 해 질 무렵까지 하루 종일 강가에 있는 누각에 올라 오가는 돛배들을 바라보는 여인의 외로운 모습과 실망후의 애통한 심정이 마치 한 폭의 그림처럼 눈앞에 그려내었다. 이처럼 溫庭筠의 작품을 감상하면 하나의 형상을 떠오르게 되는데, 온정균이 사용한 형상화 방법 중의 하나가 바로 연상법이다. 형상을 완전히 하나하나 묘사하는 데에다 힘을 기울인 것이 아니라, 감각적인 詞語의 운용을 통해 美感을 연상시키고 이를 통해 감성적인 내용을 더욱 풍부하게 하여 새로운 표상을 만들어 내었다.

# 河傳

江畔,
相喚(1),
曉妝鮮。
仙景個(2)女採蓮,
請君(3)莫向那岸邊。
少年,
好花新滿船。

紅袖(4)搖曳逐風暖,
垂玉腕(5),
腸向柳絲(6)斷。
浦南歸,
浦北歸(7)。
莫知。
晩來人已稀。

【국역】

강가에서
서로 환호할 때
아침 화장이 신선하다.

선경 같은 연밥 따는 아씨
님에게 건너편 언덕에 가지 말라 하는 말,
그대여
좋은 꽃 새로이 배에 가득해요.

붉은 옷소매 하늘하늘 바람은 훈훈하고
옥 같은 팔목 드리울 때
애간장은 님 계신 버들가지 향하여 끊기고.
남쪽 어귀로 돌아갈까?
북쪽 어귀로 돌아갈까?
알 수 없는 마음에
저녁은 오고 인적조차 드물어지네.

【주석】

1) **相喚**: 옛날 중국에서 여인네들이 연밥을 딸 때 서로 노래를 불러 화답해 가며 노동을 했다. 대표적인 작품이 樂府詩로 알려진 〈江南可採蓮〉과 같은 작품이다. "강남으로 연꽃 따러 가세. 잎이 얼마나 퍼들퍼들한가! 물고기 연잎 사이에서 노닐고 있네. 물고기 연잎 동편에도 노닐고, 물고기 연잎 서편에도 노닐고, 물고기 연잎 남편에도 노닐고, 물고기 연잎 북편에도 노닐고 있네(江南可采蓮, 蓮葉可田田. 魚戱蓮葉間. 魚戱蓮葉東, 魚戱蓮葉西, 魚戱蓮葉南, 魚戱蓮葉北.)" 이 시에서 뒤에 구절은 후렴구로 서로 화답하며 불렀다. '相喚'이라고 말한 것은 바로 이러한 노래를 말한다.

2) 個: '이', '저' 에 해당하는 指示辭이다.

3) 君: '연밥 따는 아씨(採蓮女)'를 가리킨다.

4) 紅袖: 위의 '君'과 마찬가지로 '연밥 따는 아씨(採蓮女)'를 가리킨다.

5) 玉腕: 희고 윤기 흐르는 손목을 말한다. 즉 아름다운 여인의 섬섬옥수.

6) 柳絲: 드리워진 가는 버드나무 가지. 여기서는 남자가 있는 곳.

7) 浦北歸: 이 두 句는 남자가 떠나간 곳을 말한다. 즉 연밥 따는 아씨가 상심하여 떠나간 님이 어느 곳으로 돌아올지 몰라 남포로 가야할지 북포로 가야할지 방황하는 모습을 묘사한 것이다.

【감상】

이 사의 상편은 '강가에서 서로 환호하다.(江畔, 相喚)'라는 활기차고 생기 넘치는 두 구절로 시작하며 이를 통해 스토리의 발생 지점을 나타낸다. '아침 화장이 신선하다(曉妝鮮)'는 연을 따는 소녀들의 즐겁고 유쾌한 모습을 보여준다. 단지 두 구절의 짧은 글귀이지만 마치 이른 아침 연 따는 아가씨들이 서로 환호하며 강변에 나와 각자의 작은 배를 타고 연꽃 사이를 어지러이 움직이는 한 폭의 그림을 보는 듯하다. '선경 같은 연밥 따는 아가씨(仙景個女採蓮)'에서는 배를 타고 연을 따는 소녀의 아름다움을 '仙境'이라는 말로 아주 적절하게 표현했다. '仙境'이란 두 글자는 강남 수면의 수려하고 그윽한 풍경을 상징적으로 그려낸 것으로 연 따는 소녀가 배를 저어 푸른 연잎 숲으로 들어가는 모습은 마치 선경에 있는 것과 다르지 않다고 본 것이다.

연 따기는 강남 여인들의 대표적인 일거리이자 풍속이다. 청춘 남녀들은 종종 연 따는 행위를 빌어 애정을 표현했다. '연(蓮)'은 '이어지다

(連結)'의 '연(蓮)', '사랑하다(怜愛)'의 '연(怜)'과 음이 같아 쌍관어로 자주 쓰였으며, 애정의 상징이 되었다.

이어서 아래 "님에게 건너편 언덕에 가지 말라 하는 말, '그대여! 좋은 꽃 새로이 배에 가득해요!'(請君莫向那岸邊。少年, 好花新滿船)"라는 구절에서 시점은 그 강변의 젊은이로 옮겨진다. 이 세 구절은 마치 연 따는 소녀가 좋아하는 젊은 남자에게 하는 말 같다. 그녀는 일부러 좋아하는 남자에게 건너편 강변으로 가지 말라고 일깨워 준다. 왜냐하면 그 곳에 가면 아름다운 아가씨들이 있어 마음을 빼앗기고 돌아오지 않을 것이기 때문이다. 그래서 자신의 배에 아름다운 꽃들이 많이 있다고 하며 남자를 잡아두려 하는 것이다. 이 구절은 유희적인 흥취를 불러일으키며 동시에 짙은 일상의 즐거움 또한 담아내고 있다.

하편은 '붉은 옷소매 하늘하늘 바람은 훈훈하고, 옥 같은 팔목 드리울 때(紅袖搖曳逐風暖, 垂玉腕)'란 구절로 연 따는 소녀의 수려한 모습을 형상하고 있다. 이 장면은 연 따는 소녀가 노를 저어 그 강변을 향해 가는 모습을 묘사하고 있으며, 그녀의 옷소매가 바람에 날리는 모습을 나타내 연 따는 소녀의 아름다운 모습을 보여주고 있다. 그녀가 청년을 만류했지만 청년은 이미 강가를 떠나고 없다. 아름다운 동경은 사라지고 한바탕의 헛된 꿈이 되어 버렸다. 연 따는 소녀는 매우 실망한다. 그래서 그녀의 애간장은 님 계신곳 버들가지 향하여 끊기는 것(腸向柳絲斷)이다. 다음구의 '남쪽 어귀로 돌아갈까? 북쪽 어귀로 돌아갈까?'는 연 따는 소녀의 어지러운 심경을 말한다. 비록 이미 떠나보내고 말았으나 여전히 포기하지 않고 청년을 찾아다니며 '남쪽 어귀로 돌아갔나? 북쪽 어귀로 돌아갔나?'라고 그의 묻는다. 그러나 이리저리 물어봐도 소식을 아는 이 하나 없고, 날은 이미 저물어 강변에는 인적조차 보이지 않는다. 소녀는 하는 수 없이 끝없는 아쉬움을 품고 자신의 사랑을 누른다.

이 사는 즐겁고 명랑한 분위기에서 고독하고 조용한 분위기로 바뀌어 가고 있다. 연 따는 소녀의 일상생활 속에서의 감정의 변화를 잘 나타내고 있다. 하루 종일 님을 쫓아도 아무런 성과가 없었지만 그녀는 포기하지 않고, 다음날 다시 노력할 것이다. 꾸밈없는 시골 여인의 구속 받지 않고 자유롭고 대담하게 사랑을 찾아가는 모습을 통해 작가는 우리에게 전통적 구속에서 벗어난 아름다운 여인의 형상을 보여주고 있다.

## 其二

湖上,
閒望(1),
雨蕭蕭(2)。
烟浦(3)花橋(4)路遙,
謝娘(5)翠蛾愁不消(6)。
終朝(7),
夢魂迷晚潮。

蕩子(8)天涯歸棹(9)遠,
春已晚,
鶯語空腸斷。
若耶溪(10),
溪水西,
柳堤,
不聞郎馬嘶。

【국역】

호수 위를
한가로이 바라보니
비는 소록소록,
안개 낀 포구 흐릿한 교각 사이로 길은 아득하고
고운 여인의 눈썹은 근심으로 지워지지 않고,
꼬박 한나절
꿈속으로 늦도록 물가를 서성이네.

하늘 끝 멀리 나그네 늦은 배 돌아올 줄 모르고
봄은 이미 깊어
꾀꼬리 소리만 부질없이 간장을 끊는다.
若耶 개울
개울물 서쪽
버드나무 제방으로
님의 말울음 소리 들리지 않네.

【주석】

1) 閒望: 부질없이, 헛되이 바라보다.
2) 瀟瀟 : 보슬비가 자욱이 내리는 모습. 李淸照 〈蝶戀花〉에 보면 '보슬보슬 내리는 빗소리 외로운 객사로 들리고(瀟瀟微雨聞孤館)'라는 구절이 있다.
3) 烟浦: 안개가 자욱이 낀 물가 포구.

4) 花橋: 몽롱하게 잘 보이지 않는 다리. 여기서 '花 '는 흐릿하고 모호하여 잘 보이지 않음을 의미한다.
5) 謝娘: 아름다운 여인을 상징한다. 앞의 〈更漏子〉 참조.
6) 消: 없어지다. 지워지다.
7) 朝: '날', '일'을 말한다. 즉 '終朝'는 '하루 종일'이라는 뜻이다.
8) 蕩子: 오랫동안 바깥에 나가서 돌아오지 않는 사람. 여기서는 여인이 그리워하는 님을 말한다.
9) 歸棹: '歸舟'와 같은 뜻이다. '棹'는 배를 젓는 긴 노를 말하는데 여기서는 배를 의미한다.
10) 若耶溪: 강 이름, 지금의 浙江省 紹興縣 동남쪽에 위치하고 있음. 전하는 바에 따르면 越나라 미녀인 西施가 여기서 옷을 빨았다고 한다.

## 【감상】

이 사는 수심에 잠긴 여인이 밤낮으로 님이 돌아오길 기다리는 정경을 묘사한 것이다. 도입부의 '호수 위를 한가로이 바라보니(湖上, 閒望)'라는 구절은 그녀가 강기슭에 서서 공연히 호수를 바라보는 모습인데, 아무 소용없음을 알면서도 여전히 바라본다. '한가로이(閒)'라는 글자는 그녀가 아무 것도 하지 않는 상태가 아니라 호수의 풍경을 바라보는 것을 말하며, 또한 그녀의 기다림이 부질없으며 세월을 낭비하고 있음을 함께 말하고 있다. '비는 소록소록, 안개 낀 포구 흐릿한 교각 사이로 길은 아득하고(雨瀟瀟。烟浦花橋路遙)'는 여인이 호수 위를 한가로이 바라보던 때 보이던 것들이다. 비 오는 정경은 희미하여 사람을 처량하게 하고, 여인의 상심과 합쳐진다. 아래 "고운 여인의 눈썹은 근심으로 지워지지 않고, 꼬박 한나절, 꿈속으로 늦도록 물가를 서성이네.(謝娘翠蛾愁不消。終朝, 夢魂迷晚潮)"는 여인의 근심에 대해 쓰고 있다. '고운 여인의 눈썹은 근심으로 지워지지 않고(謝娘翠蛾愁不消)'는 여인의 얼굴에 드리운 짙은 주름과 근심은 쉬이 오지만 잘 없어지지 않음을 말한다. '꼬박 한나절(終朝)'은 여인이 오랜 시간동안 근심에 빠져 있음을, '꿈속으로 늦도록 물가를 서성이네(夢魂迷晚潮)'는 여인의 몽혼이 '물가'라는 공간을 떠나지 못함을 말한다.

상편의 묘사가 여인에게 집중되어 있다면 하편은 객지로 떠난 님과 여인에 대해 쓴 것이다. '하늘 끝에서 돌아오지 않는 나그네 늦은 배(蕩子天涯歸棹遠'는 님이 아득히 먼 곳을 유랑하고 있으며 그를 태우고 떠난 배가 여인이 있는 곳과 멀리 있음을 말한다. 이 사는 이 구절에 이르러서야 여인이 품은 근심의 이유를 직접적으로 말해 준다. 이어서 "봄은 이미 깊어가고, 꾀꼬리 소리만 부질없이 간장을 끊는다.(春已晩, 鶯語空腸斷)"라는 구절은 늦봄의 정경을 이용하여 여인의 수심을 한층 깊어지게 하고 있다. '若耶개울, 개울물 서쪽, 버드나무 제방(若耶溪, 溪水西, 柳堤)'은 짧은 구절을 연속적으로 사용함으로써 부드러운 어조를 담아냈고, 여인이 거처하는 곳을 나타내고 있다. 이 장소들은 여인과 님이 만나 사랑하고 이별한 장소로 마지막 구절인 '님의 말소리 들리지 않네(不聞郎馬嘶)'를 씀으로써 이 사랑의 안타까움을 잘 표현하고 있다. 이 사에서는 '봄은 이미 깊어가고.(春已晩)', '비는 소록소록(雨瀟瀟)', '간장을 끊는다(腸斷)'등과 같이 온정균이 자주 쓰는 어구들을 사용하여 여인이 님을 그리는 모습을 그려내며 자연스럽게 감정을 이끌어 내고 있다.

## 其三

同伴,
相喚,
杏花稀。
夢裏每愁依違(1),
仙客(2)一去燕已飛。
不歸,
涙痕空滿衣。

天際(3)雲鳥(4)引晴遠(5),
春已晩,
烟靄(6)渡南苑(7)。
雪梅(8)香,
柳帶長(9),
小娘(10),
轉令(11)人意傷。

## 【국역】

님과
서로 환호할 때
살구꽃 지고,
꿈속으로 근심은 오락가락

님은 학이 되어 제비와 날아가 버리고,
돌아오지 않으니
눈물자국만 옷깃 가득.

하늘가 구름 속 새를 보니 그리움도 아득하고
봄은 이미 저물어
운무는 南苑을 건너네.
설매 향내
길게 자란 버드나무
젊은 아씨
마음을 더욱 상심케 하네.

【주석】

1) 依違: 이어졌다 끊어졌다, 왔다갔다. 원래는 소리가 이어졌다 끊어졌다 하는 의미이지만 여기서는 사람이 만나고 헤어지는 것을 말한다.
2) 仙客: 학을 말한다. 옛날에 신선이 학을 타고 다녔다고 여겼다. 여기서는 님이 먼 곳으로 가버린 것을 뜻한다.
3) 天際: 하늘가
4) 雲鳥: 높이 구름 속으로 날아든 새
5) 引晴遠: 사람으로 하여금 맑은 하늘이 아득하게 느껴지게 한다는 의미다. 여기서 '晴'과 '情' 이 쌍관어로 쓰여서 님에 대한 정이 아득함을 비유한 것이라 볼 수 있다.
6) 烟靄: 운무

7) **南苑**: 원래는 임금의 화원을 지칭한다. 궁의 남쪽(南)에 있는 정원(苑)이라 그렇게 부른다. 백거이의 <長恨歌>에 보면 '서쪽 궁궐 南苑에는 가을풀이 무성하고, 섬돌가득 떨어진 붉은 단풍 쓰는 이 없네(西宮南苑多秋草, 落葉滿階紅不掃)'라는 구절이 있다. 여기서는 일반적인 정원을 말한다.

8) **雪梅**: 매화꽃의 색깔이 흰색이라 그렇게 부른 것이다.

9) **柳帶長**: 버드나무 가지가 길게 드리워진 것을 말한다. 즉 늦봄을 암시한다.

10) **小娘**: 옛날에 歌妓를 그렇게 칭했다.

11) **轉令**: '更令'과 같다. 즉 '더욱 ~하게 한다'는 뜻이다.

## 【감상】

이 사는 가기의 님에 대한 그리움과 이별에 대한 근심을 직접적으로 묘사하고 있다. 상편은 시사를 주로 하고 있나. '님과 서로 환호할 때(同伴, 相喚)'라는 도입부는 활기 찬 한 무리의 청춘남녀라는 인물을 이끌어 낸다. '살구꽃 지고, 꿈속으로 근심은 오락가락(杏花稀。夢裏每愁依違)'은 늦봄의 정경을 묘사하여 소녀의 근심을 불러일으킨다. '꿈속(夢裏)', '근심(愁)'이란 글자는 소녀가 자주 꿈속에서 그리워하는 님과 만나고 또 꿈속에서 그와 헤어졌음을 형용하고 있다. 이어서 "님은 학이 되어 제비와 함께 날아가 버리고, 돌아오지 않으니, 눈물자국만 옷깃 가득(仙客一去燕已飛。不歸, 淚痕空滿衣)"이란 구절은 소녀가 그리워하는 사람이 선학이 되어 제비와 이미 멀리 날아가 버린 뒤 다시 돌아오지 않아 그리움에 흘린 눈물로 옷자락이 젖어 감을 말한다.

하편은 사물을 이용하여 인물의 감정을 두드러지게 하고 있다. '하늘 끝(天際)', '구름 속 새(雲鳥)', '아득히(引睛遠)'는 계속해서 '제비는 날아가 버리고(燕已飛)'라는 시상을 연상시키며, 하늘가에서 높이 날아 구름 사이로 숨는 새를 이야기함으로써 소녀의 마음을 먼 곳으로 날아가게 한다. 그 먼 곳이란 바로 님이 계신 그곳이다. 소녀는 하늘가 구름 속에 가뭇가뭇 보이는 새를 보며 그곳에 자신의 마음을 실어 떠나간 님에 대한 그리움을 노래하고 있다.

'설매 향내, 길게 자란 버드나무(雪梅香, 柳帶長)'는 초봄과 늦봄의 상징적인 사물을 이용해 님이 잘되길 소원하는 여인의 마음을 묘사하고 있다. 그러나 그 결과는 '젊은 아씨, 마음을 더욱 상심케 한다(小娘, 轉令人意傷)'이다. 여기서 '젊음 아씨(小娘)'는 아마도 歌妓일 것이다. 이러한 신분의 여인은 唐宋시대에 아주 많았다. 문인이나 사대부들이 사를 짓고 풍류를 즐길 때에 늘 가기와 함께 했기 때문에 가기와 風流才人들 간에는 종종 '일시적인 만남'이 있어왔다. 그러나 잠깐의 연정은 가기들에게 오랜 상심을 안겨주었고, 이로 인해 '마음을 더욱 상심케 한(轉令人意傷)' 것이다.

본 사는 떠나가 버린 님의 모습을 날아가 버린 새를 통해 상징적으로 표현하였고 다시 아득히 날아가는 새를 통해 님과 자신과의 거리가 까마득히 멀고 다시 만날 것이 요원함을 비유적으로 표현하고 있다. 이와 더불어 늦은 봄의 정취는 처량한 여인의 마음을 더욱 암묵적으로 나타내고 있는 작품이다.

## 番女怨

萬枝香雪(1)開已遍,
細雨雙燕。
鈿蟬箏(2)、金雀扇(3),
畫梁(4)相見。
雁門(5)消息不歸來,
又飛回。

### 【국역】

살구나무 만 가지 눈꽃 같이 활짝 폈을 때
가는 비 사이로 쌍쌍이 제비 나네.
매미를 상감한 거문고와
금빛 참새 그려진 부채로
화려한 교각에서 서로 보았는데,
연문산 밖 소식은 들리지 않고
제비만 날아드네.

### 【주석】

1) 香雪: 杏花(살구나무)를 말한다. 앞에서 언급한 溫庭筠 <菩薩蠻>사에 '杏花含露團香雪'라는 구절이 있다.

2) 鈿蟬箏: 매미를 장식으로 상감한 거문고. 溫庭筠의 〈贈彈箏人〉이란 시에 "상감한 매미와 금박 기러기는 모두 영락하였고, '이주'곡에 눈물은 하염없이 흐르네(鈿蟬金雁皆零落, 一曲伊曲淚萬行)"라는 구절이 있다.

3) 金雀扇: 금색 참새를 그린 부채.

4) 畫梁: 아름답게 그림을 그린 들보, 교각.

5) 雁門: 산의 이름이다. 지금의 山西省 西代縣 서북쪽에 있다. 산꼭대기에 관문을 만들어서 雁門關이라 했다 .만리장성의 유명한 요새로 당나라때 북쪽 변방이었다.

**【감상】**

위 사는 변방에 있는 님에 대한 보고픔과 그리움을 묘사한 것이다. 그러나 변방의 풍경이나 이국의 情調, 전쟁 상황, 병사의 고통과 슬픔 등은 전혀 드러나지 않고 있다. 단지 님에 대한 그리움으로 인해 지친 여인의 외로운 형상만을 그려내고 있을 뿐이다. 이는 온정균의 詩에서 표현되는 것과는 다른 모습이다. 동일한 제재로 변방을 그린 이전의 詩作과는 전혀 상이한 모습을 보이고 있다. 外地에서 고생하는 님이 아닌 內地에서 슬퍼하는 여인과 부역에 대한 장황한 설명이 아닌 여성이 거처하는 공간의 묘사와 이를 통한 심리의 묘사는 작가의 기교를 잘 보여주고 있다. 첫 번째 구와 두 번째 구는 '살구나무 꽃이 활짝 핀 봄날(萬枝香雪開已遍)' '봄비는 내리고(細雨)' 옛날 님과 같이 보았던 제비는 다시 돌아와 쌍쌍이 처마 사이로 날고 있는데(雙燕), 님은 보이지 않으니 여인은 자연히 멀리 遠征간 있는 님을 그리는 것이다.

특히 세 번째 구에서 묘사되고 있는 '장식된 거문고(鈿蟬箏)'와 금빛의 참새가 그려져 있는 부채(金雀扇)등은 젊고 아름다운 여인의 신분과 분위기를 잘 나타내고 있다. '화려하고 아름다운 교각에서 서로 만났던(畫梁相見)' 시절을 회상하면 다시 님 생각에 그리움이 깊어질 수밖에 없다. 그러나 현실적으로 '님 소식은 없고(雁門消息不歸來)' 그때 같이 보았던 '제비만 다시 날아드니(又飛回) 여인의 상심을 더욱 깊어만 간다.

이 작품은 화려하고 아름다운 봄날의 모습과 이와 대비되는 여인의 마음을 형상화된 봄의 소재들을 통해 典雅하게 그려내고 있는 전형적인 만당오대의 사풍을 느낄 수 있는 작품이라 할 수 있다.

## 其二

磧(1)南方沙上驚雁起,
飛雪千里。
玉連環(2)、
金鏃箭(3),
年年征戰。
畫樓離恨錦屛(4)空,
杏花紅。

## 【국역】

변방 남쪽 황무지에 놀라 나는 기러기

나부끼는 눈은 천리,
옥고리
금촉 화살
해마다 나가는 전장.
화려한 누각에 이별의 한으로 비단 병풍 공허하고
살구꽃만 붉네.

### 【주석】

1) 磧: 사막. 즉 변방의 황량한 황무지를 말한다.
2) 玉連環: 옥으로 이은 팔찌.
3) 金鏃箭: 촉을 금로로 장식한 화살, 군대에는 이것을 종종 믿음의 징표로 섰다. '鏃'는 화살촉을 말한다.
4) 錦屛: 채색비단에 비단실로 수놓은 병풍.

### 【감상】

위의 작품 또한 변방으로 출정한 征夫에 대한 그리움을 노래한 것이다. '변방 남쪽 황무지에 놀라 나는 기러기, 나부끼는 눈은 천리(磧南方沙上驚雁起, 飛雪千里)'는 변방의 황량함과 추위를 묘사하고 있다. 앞의 사에 나온 '살구나무 만 가지 눈꽃 같이 활짝 폈을 때(萬枝香雪開已遍)'라는 정경과는 완전히 상반된 봄 풍경을 말하고 있다. 변방의 날씨는 늘 변화무상하며 갑자기 눈이 내려 막 북으로 돌아왔던 기러기는 놀라서 다시 남쪽으로 날아가 버린다. 다음의 '옥고리, 금촉 화살, 해마다 나가는 전장(玉連環、金鏃箭, 年年征戰)’이라는 구절은 변방 지역의 전쟁으로 인한 어려움을 말하고 있다. ‘옥고리(玉連環)’는 여인들이 사용하는 물건이면서 동시에 자주 애정의 상징물로 여겨진다. 이 사에서의 ‘옥고리(玉連環)’ 역시 멀리 출정하는 님에게 준 여인의 애정을 암시하고 있다. 이는 뒤의 ‘금촉 화살(金鏃箭)’과 대비되어 사랑과 전쟁이란 두 모습을 작은 상징물로 형상화 시키고 있다. ‘해마다 나가는 전장(年年征戰)’은 전쟁이 끊이지 않아 남자가 어쩔 수 없이 오래도록 변방에 나가야 함을 알려 준다. “화려한 누각에 이별의 한으로 비단 병풍 공허하고, 살구꽃만 붉네(畫樓離恨錦屛空, 杏花紅)”는 여인이 전장으로 떠난 님을 그리는 처량한 정황을 보여준다. 여인은 홀로 앉아 그림 그려진 누각과 금빛 병풍을 바라보며 깊고 깊은 고독감과 그리움을 느낀다. 또한 여기서 표현된 아름다운 그림으로 장식되어 있는 누각과 금빛의 병풍은 이 작품을 구성하는 인물의 배경과 신분을 알게 해준다. ‘살구꽃만 붉네(杏花紅)’는 여인의 시선이 창밖으로 옮겨졌을 때 본 풍경인데, 뜰에는 살구꽃이 한가득 피어 있어 눈길을 끈다. 이러한 풍경은 이별의 아픔을 더욱 극대화 하고 있다.

## 荷葉杯

一點露珠凝冷(1),
波影。
滿池塘,
綠莖紅艶(2)兩相亂(3)。

腸斷,
水風涼。

【국역】

진주 이슬 한 방울 차갑게 맺혀
물결 어리고,
연못 가득
푸른 잎새 붉은 꽃 서로 어지러이 어우러져
애간장을 끊는데
바람은 차가웁다.

【주석】

1) 凝冷: 냉기를 품고 응결되어 있음을 말한다.
2) 綠莖紅艶: 푸른 연잎과 어우러진 붉은 연꽃을 말한다.
3) 相亂: 서로 어지럽게 어우러져 있음을 말한다.

【감상】

이 사는 동이 틀 무렵 연 따는 풍경을 묘사하고 있다. '진주 이슬 한 방울 차갑게 맺혀, 물결 어리고(一點露珠凝冷, 波影)'는 작은 소재로 큰 의미를 이끌어 내고 있다. 가을날 새벽, 한 방울 한 방울의 이슬이 수면과 연잎 위에 떨어지는 모습에서 서늘한 기운이 느껴진다. '물결 어리다(波影)'는 구절은 아침햇살이 연잎을 통과하여 수면 위에 아른아른한 그림자를 드리우는 모습을 묘사하고 있다. 이어서 '연못 가득(滿池塘)'은 그 빛 그림자가 연못 가득 펼쳐져 있는 광경을 그리고 있다. '푸른 잎 붉은 꽃 서로 어지러이 어우러져(綠莖紅艷兩相亂)'는 연 잎의 아름다운 모습을 말하는 것으로 햇살이 비출 때, 연못 위의 푸른 연잎과 붉은 연꽃이 한데 어우러져 어디가 잎이고 어디가 꽃인지 분간하기조차 어려운 절경을 생생하게 보여준다. 이는 동 틀 무렵 연못의 풍경을 묘사하고 있을 뿐 아니라 아주 자연스럽게 경치를 감상하는 사람의 감정까지 그림 속으로 이끌고 있다. 이러한 묘사가 있은 후에 비로소 '애간장 끊는다(腸斷)'라는 구절을 써 넣어 경치는 아름답지만 주인공이 고독과 처량함으로 애간장이 끊기는 듯 한 아픔을 느끼게 한다. 마지막 구절인 '바람은 차가웁다(水風涼)'는 여전히 경물을 이용하여 주인공의 처량한 상황을 숨김없이 드러내고 있다.

이 사는 풍경의 묘사를 중심으로 하고 있지만 그 속에는 사람의 감정을 교묘하게 융합해 놓아 온정균사의 뛰어난 묘사의 경지를 보여주고 있다.

## 其二

鏡水(1)夜來秋月,
如雪。
採蓮時,
小娘(2)紅粉(3)對寒浪(4)。

惆悵,
正思惟(5)。

【국역】

거울 같은 물에 비친 가을 달
눈 같네.
연꽃을 딸 시기
아가씨 붉은 화장 찬 물결 마주하니
홀연 서글퍼져
상념만 가득.

【주석】

1) 鏡水: 고요하고 맑음이 거울과 같은 물.
2) 小娘: 일반적으로 사에서 小娘은 歌妓를 지칭한다. 여기서는 연밥을 따는 아가씨를 말한다.
3) 紅粉: 여인이 화장을 할 때 쓰는 연지와 분을 말한다. 여기서는 아름답게 화장을 한 아가씨의 얼굴을 말한다.
4) 寒浪: 차가운 물결.
5) 思惟: 생각, 그리움.

【감상】

이 사는 연 따는 소녀가 연못의 달빛을 보고 잇달아 그리움과 근심이 생겨나는 모습을 쓰고 있다. 먼저 서두에는 '거울 같은 물에 비친 가을 달, 눈 같다(鏡水夜來秋月, 如雪)'는 정경을 묘사하고 있다. 가을 밤 달이 하늘 끝에 걸려 있는데, 그 밝고 맑은 달빛이 거울 같은 수면을 비추는 모습은 마치 흰 눈 같다고 느껴진 것이다. 이어서 '연 꽃을 딸 시기(采蓮時)'는 '연 따기(采蓮)'라는 좋은 일을 말하는데, 이 연 따기라는 것은 남녀가 사랑을 표현하는 활동의 의미가 내포되어 있다. "아가씨 붉은 화장 찬 물결 마주하니, 홀연 서글퍼져, 상념만 가득(小娘紅粉對寒浪。惆悵, 正思惟)"이란 구절에서 '아가씨(小娘)'는 연 따는 소녀를 말하며, '붉은 화장(紅粉)'은 소녀의 꽃다운 나이와 아름답게 꾸민 모습을 묘사하고 있다. '찬 물결 마주하니(對寒浪)'는 '거울 같은 물(鏡水)' '가을 달(秋月)'과 호응하여 소녀가 가을 달이 비친 호수의 깨끗하고 맑은 물결을 바라보며 오래도록 깊은 생각에 잠긴 모습을 그려내고 있다 '서글퍼지다(惆悵)'라는 말은 이 때 연 따는 소녀가 그 정경으로 인해 실의하고 상심에 빠진 모습을 표현하고 있다. 종결구인 '상념만 가득(正思惟)'은 그녀가 여전히 마음속의 님을 그리워하고 있으며 그리워하면 할수록 더 실망하고, 상심할수록 그 그리워하는 마음을 접을 수 없음을 묘사하고 있다.

## 其三

楚女(1)欲歸南浦,

朝雨(2)。
濕愁紅(3),
小船搖漾(4)入花裏。
波起,
隔西風。

【국역】

楚나라 아가씨 남포로 돌아갈 때
새벽 비 내려,
붉은 꽃 쓸쓸히 적시고.
작은 배 출렁출렁 연꽃 사이로 들어가니
물결은 일고
서풍은 우리를 갈라놓네.

【주석】

---

1) 楚女: 楚 지역이 고향인 여인을 말한다. 앞의 〈酒泉子〉(楚女不歸) 각주 참조.
2) 朝雨: 새벽에 뿌리는 비.
3) 愁紅: 가벼운 비바람이 남은 꽃잎의 낙화를 재촉함을 말한다. 한편으로는 여인의 근심스런 얼굴을 묘사했다고도 볼 수 있다. 李賀詩 〈黃頭郎〉에서 "남포에 연꽃 그림자 질 때, 꽃 같은 여인 홀로 근심스레 고개 떨구네(南浦芙蓉影, 愁紅獨自垂)"라고 묘사하고 있다.

4) 搖漾: 출렁거리는 모습.

5) 隔西風: 바람이 불어 파도가 일고 작은 배는 흔들리며 연꽃 흐드러진 깊은 곳을 건너가니 가리어 보이지 않음을 말한다. '西風'은 가을바람을 말한다. '隔'는 가을바람에 배가 멀리 떠내려가 두 사람 사이의 거리가 멀어짐을 말한다.

## 【감상】

이 사는 비가 내리는 중에 배를 타고 떠나는 임을 보내는 정경을 묘사한 것이다. '초나라 아가씨 남포로 돌아갈 때, 새벽 비 내리고(楚女欲歸南浦, 朝雨)'는 경치를 묘사하고 있다. 즉 이 구는 초 지역에서 온 아가씨가 고향과 가족을 그리워하여 남쪽으로 돌아가고자 하는 절실한 마음을 나타내고 있다. '새벽 비 내리고(朝雨)'는 이별할 때의 경치를 말하는 것이다. 새벽 녘 가는 비는 어지러이 내리고 빗줄기와 여인의 구성진 노랫소리는 이미 하나로 이우러졌다. '붉은 꽃 쓸쓸히 적시네(濕愁紅)'는 새벽 녘 비에 젖은 꽃을 말한다. 비에 젖은 꽃은 수심 어린 얼굴을 드러내는데, 이는 빗물인지 눈물인지 구별 없이 여인의 아름다운 얼굴을 적시어감을 묘사하고 있다. 시각적인 모습은 어느새 촉각적 느낌으로 변해있고 이러한 꽃과 사람의 융화를 통해 독자들은 생생한 감정을 전달받게 된다. 이어서 '작은 배 연꽃잎 사이로 노 저어 갈 때, 물결은 일어(小船搖漾入花裏。波起)'라는 구절은 배가 가는 모습을 그리고 있다. '흔들거리다(搖漾)'는 배가 천천히 꽃 사이로 들어서는 모습을 그리고 있으며, '물결은 일고(波起)'는 배가 지나감에 따라 잔잔히 이는 물결을 말한다. 이 구절은 물이 풍부한 강남 고향의 절경을 시적으로 잘 살려낸 것이다. 마지막의 '서풍은 우리를 가로막네(隔西風)'는 매우 간결하게 이별하는 심정을 써내고 있다. 가을바람이 불자 배는 더욱 속도를 내어 나아가고, 떠나보내는 이의 눈앞의 배와 여인은 곧 보이지 않게 된다. '막다(隔)'는 떠나보내는 이는 여인을 보내기 원치 않으나 서풍 때문에 어쩔 수 없이 떠나보내야 함을 말한다. 동시에 님과의 원치 않는 이별을 하는 안타까움이 잘 드러난 詞語이다. 이 小令은 20여 글자로 쓰여 졌으나 인물과 경치가 모두 묘사되어 졌고, 감정과 경물이 잘 어우러진 佳作이다.

## 新添聲楊柳枝

一尺深紅(1)蒙曲塵(2),
天生舊物不如新。
合歡桃核(3)終堪恨,
裏許(4)元來別有人。

**【국역】**

한 자 붉은 비단 먼지에 바래었네
낡은 것 늘 새 것만 못하구나.
한마음이자더니 결국에 회한만 남으니
그 안에 이미 또 다른 사람이 있었구나.

## 【주석】

1) 一尺深紅: 한 장의 붉은 비단 조각을 말한다. 고대 여인들의 장식의 일종으로 여인이 결혼할 때 머리에 두른 붉은 수건을 말한다.
2) 曲塵: 누룩(酒曲)에 효모가 생기면 그 색깔이 옅은 담황색으로 마치 먼지 같아 보이기에 이렇게 묘사한 것이다. 여기서는 붉은 비단 두건이 세월에 따라 먼지가 끼어서 누룩처럼 담황색이 되었음을 말한다.
3) 合歡桃核: 서로 사랑하고 관계가 좋은 부부의 상징물이다. 즉 '桃核'에서 복숭아(桃)씨는 사람의 심장 모양을 상징한다. 또 '核'는 중국어로 읽었을 때 '合'와 발음이 같기에 이는 두 마음이 영원히 한마음이 됨을 상징한다.
4) 裏許: 里面, 里頭의 뜻이다. '許'는 語助辭이다.

## 【감상】

이 두수의 〈新添聲楊柳枝〉 작품은《花間集》에는 수록되어 있지 않고 있다. 唐 范攄의 《雲溪友議》에 처음 실렸으며 이후 《溫庭筠詩集》에 수록되었다. 내용이나 풍격이 화간집의 사들과는 확연히 달라 위작일 가능성도 있다.

첫 구절인 '한 자 붉은 비단 먼지에 바래었네(一尺深紅蒙曲塵)'에서는 원래는 산뜻했던 붉은 비단에 먼지가 쌓여 색이 바라고 칙칙해져 마치 담황색 같이 보임을 말하고 있다. 여기에서 말하는 '한 척의 붉은 비단(一尺深紅)'은 여인들이 사용하는 평범한 장식이 아니라 아마도 그녀가 결혼 때 사용하던 것인 듯하다. 고대의 여인들은 결혼할 때, 다양한 예복을 준비하였다. 이 붉은 비단은 분명 여인에게 혼례식 날을 떠올리게 하는 상징물로 이것을 보면 곧 행복했던 시절을 떠올리게 되었을 것이다. 그러나 지금 눈앞의 붉은 비단은 이미 색이 바라고 옛날의 아름다움을 잃었으니 어찌 애석하지 않겠는가? 물건은 늘 오래된 것이 새 것만 못하다고 하였는데, 사람도 이와 마찬가지인 것이다. 이 여인의 남편은 지금 새로운 사람을 얻게 되었고 이로 인해 여인은 어찌할 수 없는 근심에 잠겨 있다. 이 구절에서 운용한 비유는 비록 그 수법이 간접적이긴 하나 사용하고 있는 언어가 직접적이어서 함축적인 아름다움이 부족하다. "한마음이자더니 결국에 회한만 남으니, 그 안에 이미 또 다른 사람이 있었구나(合歡桃核終堪恨, 裏許元來別有人)"라는 구절에서는 비유의 방법을 사용하여 버려진 여인의 한을 토로하고 있다. '어우러진 복숭아씨(合歡桃核)'는 본래 부부 화합의 뜻을 지닌 상징물이다. 과거에 남편과 함께 행복했던 시절을 생각해 보면 여인 역시 복숭아씨가 상징하는 영원한 화합을 믿었다. 그러나 지금 '어우러진 복숭아씨'안에는 이미 또 다른 사람이 있다는 것을 깨달았다. 이 사는 예술적 측면에서 보면 비흥, 암시, 쌍관 등의 수법 등을 사용하여 감정을 표현하는 효과가 있으나 사의 전체적인 풍격적 측면에서 보면 깊이가 없다.

## 其二

井底點燈深燭(1)伊(2),
共郎長行(3)莫圍棋(4)。
玲瓏(5)骰子(6)安紅豆,
入骨相思知不知(7)?

## 【국역】

마음 깊이 당신께 당부하오니
님과의 먼 여행길에 돌아올 날 어기지 마세요.
영롱한 주사위에 붉은 점 깊이 새겨
뼈에 사무치게 당신을 그리고 있는데 알고 있나요?

## 【주석】

1) 深燭: 발음상 深囑(깊이 당부하다)와 같다. 암시적으로 같은 발음을 이용해 님에게 깊이 당부함을 말하고 있는 것이다.
2) 伊: 당시의 인칭대명사, 즉 '你'
3) 長行: 당시에 유행하던 놀이의 일종이다. 여기서는 장거리 여행을 비유한다.
4) 圍棋: 바둑, 여기서는 같은 발음으로 읽었을 때 違期(기일을 어기다)는 의미이기에 님이 기일을 어지지 말고 빨리 돌아오라는 의미를 남고 있다.
5) 玲瓏: 정교한 모양을 말한다.
6) 骰子: 주사위를 말한다. 옛날에는 주사위의 1과 4를 붉은 점으로 표시하였고 나머지는 검은 점으로 표시하였다. 그 중 붉은 점은 바로 그리움(相思)의 紅豆를 암시했다.
7) 入骨句: 뼈로 만든 주사위의 붉은 점은 뼛속 깊숙이 새겨져 있는데 이는 뼛속 깊이 새겨진 그리움(相思)의 정을 의미한다. 즉 '入骨'가 쌍관어로 쓰이고 있다.

## 【감상】

이 사는 여인의 입을 빌려 님에 대한 그리운 마음을 토로하고 있다. 첫 구절은 당부하는 말이다. '등(燈)'은 바로 '등잔(鐙)'을 말한다. 머리맡이나, 화장대에도 등이 있는데, 여인은 왜 굳이 우물 안에 등을 밝힌 것일까? 그것은 바로 우물바닥과 같은 자신의 마음 깊은 곳에서부터 우러나온 말이라는 것이며 '深燭'은 '간절히 당부한다(深囑)'는 의미이기 때문이다. 또한 '너(伊)'는 지금의 '당신(你)'의 의미이므로 '深燭伊'는 바로 '매우 간절히 당신께 부탁합니다'라는 의미가 된다. 이와 같이 작가는 전심을 다하여 雙關의 수법을 운용하여 이야기를 하고 있으며 이로써 그 본의를 감추고 있는 것이다. 그렇다면 여인은 무엇을 그리도 당부하고 있는 것일까? 이는 바로 그 다음 구절인 '共郎長行莫圍棋'에서 알 수 있다. '共'은 개사로 '누구누구와(跟)'의 의미이다. '長行'은 멀리 길 떠나는 것을 말하므로 이별하는 때를 암시하고 있다. 여인은 헤어질 때, 상대방에게 몇 차례나 계속해서 당부하고 있다. '長行'과 '圍棋' 역시 쌍관적 수업이다. 겉으로 볼 때 '長行'은 즐거움의 의미이고, '圍棋'는 중국의 전통 오락인 바둑을 말한다. 그러나 그 숨겨진 함의는 '長行'은 '먼길 떠남'을, '圍棋'는 '돌아올 기간을 어김(違期)'을 각각 말하고 있다. 그러므로 정리해보면 여인은 떠나는 남편에게 "멀리 가는 여행길에 돌아올 때를 어기지 말라"는 당부를 하고 있는 것이다. 여기서 비록 여인의 살뜰하고 따뜻한 마음씨를 볼 수 있으나 직접적으로 말하지 못하고 함축적으로 자신의 뜻을 숨기고 있음을 알 수 있다. 셋째 구와 넷째 구에서 "영롱한 주사위에 붉은 점 깊이 새겨, 뼈에 사무치게 당신을 그리고 있는데 알고 있나요(玲瓏骰子安紅豆, 入骨相思知不知)"라고 말한 것은 잘 만들어진 주사위 위의 붉은 점들이 마치 서로를 그리워하는 마음 인듯하여 뼛속 깊이 새겨 두었는데, 그것을 알고 있냐고 묻고 있는 것이다. 이 구절을 통해 자연히 "멀리 가는 여행길에 돌아올 때를 어기지 말라"는 의미가 심화된다. 이 구절은 매우 강하게 남편을 그리워하는 마음과 헤어지기 싫어하는 깊은 사랑의 마음을 표현하고 있다. 전체적으로 이 사는 雙關의 수법을 사 전체에 사용하여 완곡하고 함축적인 풍격을 이루었으나 좀 부자연스러운 면이 있다.

# 溫庭筠史籍

## 《舊唐書》卷190 溫庭筠傳

온정균은 太原사람으로 본명은 岐이고 자는 飛卿이다. 大中초년 진사과에 응시했었다. 열심히 공부를 했었으며 특히 詩賦에 능했다. 처음 경성에 왔을 때 선비들은 모두 그를 높이 받들었다. 그러나 행실이 바르지 못하였으며 용모도 단정하지 못했다. 음악에 따라 농염한 사를 잘 지었으며 公卿집안의 裴誠, 狐縞등과 같은 무례한 자제들과 어울려 도박을 하고 술을 마시며 하루 종일 취해 있었기에 여러 해 동안 과거에 급제하지 못했다. 徐商이 襄陽을 평정하자 온정균은 그에게로 의탁해 巡官을 받았다. 그러나 함통 년간에 낙망하여 江東으로 돌아왔는데 오는 길에 廣陵을 지났는데 마음속에 令狐綯가 재위시절에 그가 출세하도록 도와주지 않았다는 것에 원한이 있었다. 廣陵에 도착한 후 새로 들어온 젊은이들과 기방에서 미친 듯이 놀면서 오랫동안 그를 찾아가 배알하지 않았다. 그리고 다시 楊子院에 가서 구걸했으며 술이 취해 밤늦게 돌아다니다가 虞候라는 사람에게 얻어맞아서 얼굴이 찌그러지고 이빨이 깨어진 후에 揚州로 돌아와 그를 고소했다. 令狐綯는 虞候를 잡아다가 죄를 물었는데 虞候는 온정균의 기방에서의 추행을 고발했기에 쌍방을 모두 놓아주고 취조하지 않았다. 이러한 온정균의 추행은 경성에까지 전해졌다. 온정균은 직접 경성에 와서 公卿들에게 편지를 적어서 억울함을 벗으려 했다. 당시 徐商이 宰相이었는데 그를 위해 열심히 해명해 주었다. 오래지 않아 徐商은 파직되어 변방으로 갔다. 楊收는 온정균에 대해 대단히 화가 나서 그를 方城의 縣尉로 폄적시켰으며 다시금 隋縣의 尉로 보내어 버렸다. 이후 온정균은 죽었다.

후손으로는 憲이 진사에 급제했다. 동생의 이름은 庭皓이며 鹹通년간에 徐州從事를 맡았었는데 절도사 崔彦魯가 龐勳에게 살해당하고 庭皓도 살해당했다. 온정균의 저술은 상당히 많은데 시부의 운과 격률이 맑고 빼어나서 문인들의 칭송을 받았다.

(溫庭筠者, 太原人, 本名岐, 字飛卿。大中初, 應進士。苦心硯席, 尤長於詩賦。初至京師, 人士翕然推重。然士行塵雜, 不修邊幅, 能逐弦吹之音, 爲測艷之詞, 公卿家無賴子弟裴誠、令狐縞之徒, 相與蒱飮, 酣醉終日, 由是累年不第。徐商鎭襄陽, 往依之, 署爲巡官。鹹通中, 失意歸江東, 路由廣陵, 心怨令狐綯在位時不爲成名。旣至, 與新進少年狂游狹邪, 久不刺謁。又乞索於楊子院, 醉而犯夜, 爲虞候所擊, 敗面折齒, 方還揚州訴之。令狐綯捕虞候治之, 極言庭筠狹邪醜跡, 乃兩釋之。自是汚行聞於京師。庭筠自至長安, 致書公卿間雪冤。屬徐商知政事, 頗爲言之。無何, 商罷相出鎭, 楊收怒之, 貶爲方城尉。再遷隋縣尉, 卒。子憲, 以進士擢第。弟庭皓, 鹹通中爲徐州從事, 節度使崔彦魯爲龐勳所殺, 庭皓亦被害。庭筠著述頗多, 而詩賦韻格淸拔, 文士稱之。)

## 《新唐書》卷91 溫庭筠傳

溫彦博의 후세로 溫庭筠이 있다. 젊어서 민첩하고 총명했으며 시문을 짓는데 힘써 李商隱과 함께 명성을 얻어서 세상에서는 '溫李'라고 칭했다. 그러나 품행이 단정하지 못하고 스스로의 언행을 신중히 할 줄 몰랐다. 또한 많은 야한 문장이나 곡을 적었으며 귀족의 자제인 裴誠, 狐縞등과 어울려 멋대로 술을 마시고 도박을 하며 즐겼다. 여러 번 진사과에 응시했지만 급제하지 못했다. 재능이 뛰어나서 종종 다른 사람을 대신해 글을 적어주었다. 大中말년에는 관련부처에 응시했는데 너무 엄격히 감독을 하여 이에 온정균은 기분이 나빠 천여자의 상소를 올렸는데 그러나 그는 입으로 몰래 문장을 가르쳐준 사람이 8명이나 되었다. 宰相은 그의 행위를 경멸하여 方山의 尉를 맡겼다. 徐商이 襄陽을 평정하자 그를 임용하여 巡官 벼슬을 주었는데 뜻을 이루지 못하자 자리를 버리고 江東으로 갔다. 이때 令狐綯가 淮南을 다스리고 있었는데 온정균은 그가 조정에 있을 때 자신을 도와주지 않은 것에 원한이 남아있어 지나가면서도 그에게 인사하지 않았다. 揚子院에 이르러 돈을 요구하여 밤늦도록 만취했다가 巡邏를 도는 병사에게 맞아서 이빨이 부러져 令狐綯에게 병사를 고소를 했다. 令狐綯는 이에 병사를 나무랐지만 병사는 그의 악행을 상세히 보고했다. 令狐綯는 쌍방 모두를 더 이상 추궁하지 않았다. 사건이 京城에 전해지자 온정균은 公卿을 찾아다니며 병졸에게 비방을 당한 것이라 말했다. 오래지않아 徐商이 宰相이 되었는데 그를 굉장히 비호했으며 그를 중용할 것을 상소하려 했었다. 그러나 공교롭게도 徐商이 宰相에서 파면되었고 楊收는 그를 미워하여 저버렸고 이후 죽게 되었다. 본명은 岐이고 자는 飛卿이다.

(彦博裔孫廷筠, 少敏悟, 工爲辭章, 與李商隱皆有名, 號"溫李"。然薄於行, 無檢幅。又多作側辭艶曲, 與貴冑裴諴、令狐滈等蒲飮狎昵。數擧進士不中第。思神速, 多爲人作文。大中末, 試有司, 廉視尤謹, 廷筠不樂, 上書千餘言, 然私占授者已八人, 執政鄙其爲, 授方山尉。徐商鎭襄陽, 署巡官, 不得志, 去歸江東。令狐綯方鎭淮南, 廷筠怨居中時不爲助力, 過府不肯謁。丐錢揚子院, 夜醉, 爲邏卒擊折其齒, 訴於綯。綯爲劾吏, 吏具道其汚行, 綯兩置之。事聞京師, 廷筠遍見公卿, 言爲吏誣染。俄而徐商執政, 頗右之, 欲白用。會商罷, 楊收疾之, 遂廢卒。本名岐, 字飛卿。)